KB111601

깨달음

깨달음

발행일   2021년 6월 16일

지은이   성대현
펴낸이   손형국
펴낸곳   (주)북랩
편집인   선일영   편집   정두철, 윤성아, 배진용, 김현아, 박준
디자인   이현수, 한수희, 김윤주, 허지혜   제작   박기성, 황동현, 구성우, 권태련
마케팅   김회란, 박진관
출판등록 2004. 12. 1(제2012-000051호)
주소   서울특별시 금천구 가산디지털 1로 168, 우림라이온스밸리 B동 B113~114호, C동 B101호
홈페이지 www.book.co.kr
전화번호 (02)2026-5777   팩스   (02)2026-5747

ISBN   979-11-6539-824-8 03150 (종이책)   979-11-6539-825-5 05150 (전자책)

잘못된 책은 구입한 곳에서 교환해드립니다.
이 책은 저작권법에 따라 보호받는 저작물이므로 무단 전재와 복제를 금합니다.

(주)북랩 성공출판의 파트너

북랩 홈페이지와 패밀리 사이트에서 다양한 출판 솔루션을 만나 보세요!

홈페이지 book.co.kr   •   **블로그** blog.naver.com/essaybook   •   **출판문의** book@book.co.kr

---

작가 연락처 문의 ▸ ask.book.co.kr

작가 연락처는 개인정보이므로 북랩에서 알려드릴 수 없습니다.

깨달음

성대현 지음

북랩 book Lab

책을 펴내며

나의 두 번째 글을 소개하는 설렘과 기쁨으로 인사를 대신한다. 전작인 『노자 도덕경 道』를 통한 2019년 만남 이후 2년 만이다. 그동안 삶에 대한 질문이 부쩍 많아졌다. 세상을 바라보는 다양한 관점에 대해 의구심이 늘었기 때문이다. 그 의구심이 쌓이다 보니 궁금한 부분을 찾아보지 않고는 그냥 지나갈 수 없었다.

다양한 사람들의 이야기와 삶에 대한 관점을 살펴보다 보니 2년이라는 시간이 훌쩍 지나갔다. 철학자들의 삶과 이야기를 담은 글을 통해서 과거와 현재를 살아가는 사람들의 다양한 모습을 호기심이 가득 찬 눈으로 바라보고, 그들이 이야기하는 삶의 의미와 삶을 대하는 태도를 이해하려고 노력했다.

그동안 나의 틀을 이루고 있던 생각의 껍질을 깨고 더 넓고 자유로운 세상을 인식함이다. 이에, 그 깨달음을 소개하고자 한다. 깨달음이란 멀리 있지 않다. 그동안 이해하지 못한 것을 알게 되는 즐거움이다. 깨달음의 깊이와 크기는 스스로의 노력과 선택의 몫이다. 무엇을 바라보고 무엇을 이해하고 싶은지 선택하는 것도 스스로의 자유다. 인간에게 주어진 자유를 마음껏 누리는 것 또한 스스로 선택할 일이다.

이 글에서 다루는 것은 삶과 죽음을 바라보는 시각, 그리고 믿음에 대한 사항이다. 우선 그것을 찾아가는 2개의 방법론을 소개한다. 불가의 명상 방법과 노자 사상을 통해서 세상을 바라보는 방법이다. 그 다음 인류의 시작과 믿음과 관련한 역사의 큰 사건에 대해 재조명해 보았다. 그리고 삶과 죽음에 대해 정리하였다. 이 글을 읽는 독자의 삶에 자유와 평화가 가득하길 바란다.

2021년 5월

清風明源에서

차례

1장

깨달음에 대하여

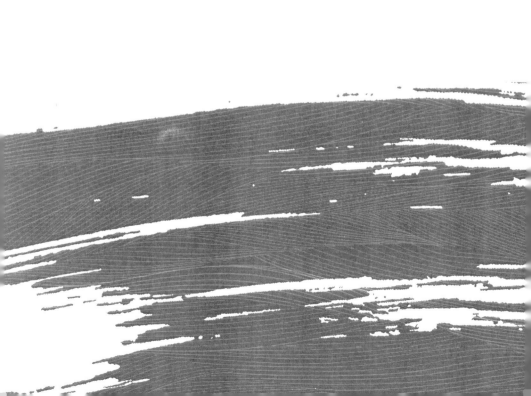

세상을 살아가면서 사람들은 때론 근원적인 질문을 하게 된다. 나는 누구인가? 나는 무엇을 하는 사람인가? 나는 무엇을 위하여 살아가는가? 나는 왜 태어났을까? 나의 죽음은 어떤 모습일까? 죽음 이후에는 나는 어떻게 변할 것인가? 어떻게 사는 것이 가장 선(善)한 인생일까? 그러면, 나는 어떻게 인생을 살아야 하는가?

인간의 존재와 가치 그리고 관계의 관점에서 인생에 대한 의미를 찾는 질문들이다. 우리는 이런 본질적인 질문들에 대해 끊임없이 의문을 제기하고 답을 구해 왔다. 수많은 사람들이 철학, 문학, 과학, 의학, 수학, 논리 및 삶의 경험적 관점에서 교훈과 답을 제시하고 있다. 자신이 바라보는 관점에서 깨달음을 얻고 설명한다.

우리는 자신의 경험을 근거 삼아 자신이 바라보고 싶은 면을 기준으로 이야기한다. 우리에게는 360도 입체적으로 사물과 상황을 볼 수 있는 능력이 없다. 내가 바라보는 면의 일부만 보게 된다. 드러나 보이는 겉과 다르게 그 안에 깊이 존재하는 내면을 이해하는 것은 쉽지 않다. 보이는 부분과 보이지 않는 부분을 동시에 통찰하기 위해서는 많은 노력이 필요하다.

철학은 사건과 존재에 대한 질문이다. 과거에서부터 우리가 이해하고 있던 것에 대해서 근원적인 의문을 제기하는 과정이다. 과거에 쌓아 온 생각과 지식의 틀에 갇혀서는 열린 미래를 구하기 어렵다. 기존 이해의 틀을 깨고 새로운 밝음을 맞이해야 한다. 생각과 사고방식의 틀에 대해서 의문을 갖고 두드리기 시작함으로써 철학이 시작된다.

이 글에서는 철학적 관점에서 삶에 대한 근원적 질문에 대해 이해를 구하고자 한다. 이를 위해서 부처와 노자, 두 가지 사상적 기초를 빌려 왔다. 그리고 그 사상의 내용과 구조를 해체, 분석하고 재조립하였다. 이 과정은 기존에 우리가 이해하고 있던 많은 부분의 오해를 풀어내고, 그 사상의 올바른 활용법을 찾기 위함이다. 이 두 가지 도구를 활용하여 과거의 인류와 현재 삶의 의미에 대해 살펴보려고 한다. 이 글이 삶의 의미를 콕 집어 찾아주는 것은 아니다. 그것은 스스로의 몫이다. 단지, 삶을 바라보는 하나의 방법을 제시함이다.

　우리는 이미 너무 많은 것을 갖고 있기 때문에 그것에 익숙해져서 가진 것을 알지 못하는 어리석음에 빠지기 쉽다. 가득 채우려 하기 때문에 더욱 원하고, 무엇인가를 더 찾으려고 노력한다. 그러나 허전한 마음은 어쩔 수 없다. 채울 수 없는 무엇인가가 있기 때문이다. 마음은 채우려 하면 할수록 더욱 멀리 달아나는 것처럼 느껴진다. 마음도 시냇물이 흐르듯 천천히 흘러가는 모습이 자연스럽다. 흐르는 물을 애써 가로막으면 얼마 지나지 않아 넘치고 주위가 엉망이 된다. 조금 부족하지만 끝없이 흐르고 변해 가는 모습이 삶의 모습이다.

　평온한 마음으로 가만히 눈을 들어 나의 주위를 이루고 있는 사람과 사물을 바라보면 그 하나하나의 소중함에 대해 이해할 수 있다. 마음 깊은 곳으로부터 세상이 밝아지는 것을 느낄 수 있다. 그들은 나에게 삶의 의미를 일깨워주는 고마운 존재들이다. 두려움과 불안, 불만의 눈으로 주위를 바라본다면 세상의 모습 또한 어둡게 변한다. 삶에 대한 집착과 욕심으로 나의 마음을 가득 채우고 있기 때문에 그 그림자에 그늘지게 된다.

　이 글을 통하여 그 그늘진 벽을 깨고 밝은 세상으로 나오기 바란다. 깨달음은 멀리 있지 않다. 소소한 나의 일상생활에서 구할 수 있다. 일상에서 마주하는 사람들과 사물로부터, 풀 한 포기 작은 생명에서도 삶의 의미를 얻을 수 있다.

1. 깨달음이란

깨달음의 과정에는 해킹이란 도구가 필요하다

깨달음이라는 용어는 널리 쓰인다. 무엇인가를 생각하고, 연구하다가 문득 알게 되는 것을 일컫는다. 깨달음은 '깨다'와 '달리다'가 합쳐진 단어이다. 또는 '깨다'와 '닫다'의 합성어로 이해해도 좋다. 무엇인가를 깨부수고 달음질치는 모습을 표현하고 있다. 생각의 한계에 닫혀 있는 상태에서 그 한계를 깨고 나오는 일이다. 마치 병아리가 달걀 껍데기를 깨뜨리고 닫힌 공간을 벗어나 달음질치는 것과 유사하다. 우리의 생각과 사고는 달걀 속 병아리처럼 갇히기 쉽다. 갇혀 있는지 모르기 때문에 깨고 나올 생각조차 하지 못한다. 그냥 갇힌 채 관성에 의해 살아간다. 바쁜 삶 속에서 시달리다 보면 이제는 나갈 때가 되어도 잊고 살아간다. 무엇을 깨고 나가야 할지 고민하거나 생각하지도 않고 삶이 이끌어주는 대로 살아간다. 선배들이 이야기하는 대로, 사회와 회사와 학교에서 정해주는 대로 살기도 바쁘다.

살면서 깨달음의 기쁨을 느껴본 적이 있는가? 고대 그리스의 아르키메데스가 목욕탕에 앉아 부력의 원리를 깨닫고 맨몸으로 거리에 뛰어나가 환호하던 것처럼, 원효대사가 어두운 동굴에서 해골에 담긴 물을 마시고 갈증을 해소한 사실을 아침에 되돌아보며 깨달음을 얻었던 것처럼, 부처님이 보리수나무 아래에서 명상을 통해 깨달음을 얻었던 것처럼 큰 깨달음도 있다. 반면 꽃눈이 물을 머금고 피어나려는 모습에서 봄이 오는 것을 느끼는 작은 깨달음은 살면서 얼마든지 느낄 수 있다. 긴긴 겨울 추위에 갇힌 것처럼 아직 때가 이르다고 생각하여 바쁘다는 핑계로 눈을 들어 느끼시 않는나면 스스로를 가두는 꼴이다.

인생을 살아가는 커다란 의의 중 하나는 자유를 찾는 데 있다. 깨고 일어나 나아가는 것은 자유를 찾는 일이다. 깨부수는 행위는 재미를 불러일으키며 생기가 충만해지도록 한다. 무엇보다도 갇힌 상태를 벗어나는 자유를 준다. 삶의 고통과 괴로움에 대한 자유, 금전의 제약에 대한 자유, 불행에 대한 자유, 시간에 대한 자유, 인간관계에서 만들어지는 속박에 대한 자유 등 우리는 크게 성공하는 것보다 삶에 대한 자유를 더 원한다.

무엇인가를 크게 이루는 행위 및 성공은 욕심에서 시작된다. 욕심은 항상 더 많은 것을 원한다. 그래서 욕심을 쫓아가기 바쁘다. 우리는 욕심의 노예가 되어 자유를 잃어버린 채 살아간다. 그러다 보면 인생을 허무한 일에 소비하고, 스스로 구속해 버린 사실을 깨닫고 후회하곤 한다.

그러면 자유는 어떻게 얻을 수 있을까? 무엇이 나를 가두고 있는지, 내가 왜 갇힌 상태에 있는지, 나를 가두고 있는 울타리가 무엇인지 이해함으로써 시작된다. 그 이해를 바탕으로 신나게 깨부수는 행위를 통해 자유를 얻을 수 있다. 울타리와 벽이 너무 높고 두터워 깨고 나오기가 어려울 때 깨달음을 얻기 위한 기술이 필요하다.

울타리와 두터운 벽을 뚫고 나오는 방법은 얼마든지 존재한다. 열쇠를 확보해서 정문으로 나오는 방법, 울타리가 낮은 곳을 찾아 뛰어넘거나 굴을 파고 나오는 방법, 틈을 만들어 비집고 나오는 방법, 울타리를 따라 유유자적 산책하다 빙 둘러서 나오는 방법, 사다리를 이용해 나오는 방법 등 시도하기에 따라, 노력하기에 따라 방법은 끝없이 찾을 수 있다.

정해진 절차를 우회하는 행위를 해킹이라 부른다. 해킹은 우리말의 '깨달음'과 의미가 통한다. 해킹의 어원은 '풀이나 나뭇가지를 마구 쳐내다'라는 의미에서 시작되었다. 정형화된 형태나 모습을 나의 마음대로 바꾸고, 깨부수고 싶은 욕구를 표현하는 단어이다. 현대에서는 컴퓨터와 인터넷의 세계에서 발생하는 침입을 한정해서 이야기하곤 한다. 주로 어두운 측면에서 해커라고 지칭한다. 대개는 불법적인 해킹을 이야기하지만, 해킹은 좋은 의미에서도 사용된다. 좋은 의도를 가지는 경우 화이트 해킹이라 구분해서 부르기도 한다.

해킹은 사물과 현상을 다른 시각에서 바라보는 일로부터 출발한다. 기존 질서와 규칙에 대한 탈피를 의미한다. 새로운 것에 대한 호기심이며 현재를 벗어나고 싶은 욕망이다. 틀을 깨고 싶은 열정의 표현이다. 이와 같은 마음이 모두 사라진 상태라면 무기력에 빠진 상황이다. 무엇을 해야 한다는 당위성과 강박에서 출발한다면 지치고 포기하기 쉽다. 현실을 있는 그대로 볼 수 있는 힘이 필요하다. 현실의 부족함과 닫힌 상황의 어려움을 인식하고, 그 자체를 이해하려는 마음이면 충분하다. 한계에 부딪히고 넘어질 수도 있다는 것을 이해하면 다시 일어설 수도 있다. 그런 반복의 과정에서 경험이 쌓이고 삶의 탄력이 생긴다. 그래서, 해킹은 틀에 얽매이지 않고 실패에 좌절하지 않는 사람이 유리하다.

세상을 바라보는 시각에 대한 고찰, 인생, 마음, 행복, 자유, 믿음 등의 주제를 다루는 철학에서도 기존의 틀에 얽매이지 않는 해킹의 방법이 유용하다. 그 자유로운 해킹 과정을 통해서 틀을 허물고 크고 작은 깨달음을 얻을 때 기쁨을 느낄 수 있다.

2. 깨달음을 찾아가는 방법

깨달음을 찾아가는 방법은 해킹과 동일하다

기존의 사고와 관념에 닫혀 있는 상태에서 깨고 나오기 위해서는 무엇보다도 말랑말랑한 두뇌가 필요하다. 아니면 부수고 나올 수 있을 만큼 절실한 필요성 또는 자극이 주어져야 한다.

틀에 얽매이지 않는 사고는 생각의 도구를 다양하게 활용함으로써 가능하다. 그 시작은 기존 사고에 대해서 의문을 갖는 일이다. 왜 그럴까? 왜 그렇게 생각해야만 할까? 왜 그 상황에서 그런 일이 이루어져야 했을까? 다른 방법은 없는가? 다른 사람들도 모두 그렇게 생각했을까? 어떤 힘이 그렇게 이끌었을까? 이렇게 지속적으로 반문하다 보면 희미한 모습이 조금씩 또렷하게 변해 간다. 그리고 어느 순간 문이 보이고, 열쇠를 발견하게 된다. 해킹에 성공한 것이다.

학교에서 주로 활용되는 방법에는 답안이 주어져 있다. 열심히 외워서 답을 맞히거나 모범답안에 근접한 내용을 기술하는 방식의 교육이다. 해킹을 잘하는 방법은 스스로 질문을 만들어 내고, 스스로 답변하는 뇌의 근육을 기르는 일이다. 시험을 보듯이 쥐어짜내면서 질문을 만들거나 답을 외울 필요도 없다.

다만, 질문을 잘하기 위해서는 해당 사항에 대한 면밀한 관찰과 이해가 필수이다. 나의 이해가 부족하다면 주위의 도움을 받으면 된다. 인터넷에 접속해서 위키피디아, 네이버에 물어보자. 수많은 사람들이 관찰한 내역이 자세히 설명되어 있다. 관찰과 이해를 구하는 과정에서 가급적 공신력 있는 내역을 참조하는 것이 좋다. 인쇄된 형태의 책은 저자가 오랜 기간 생각을 가다듬고 정리한 글이기 때문에 더욱 참고할 만하다.

우리는 스스로 볼 수 있는 만큼만 관찰하고 이해한다. 보이지 않는 저편에 있는 모습은 살피지 않고, 대충 지나가기 쉽다. 정보를 수집한 후에는 전체 모습을 그려 보는 상상이라는 도구가 필요하다. 전체에 대한 상상 후에는 다시 모습을 단순화하는 과정이 필요하다. 단순화를 통해 큰 흐름을 이해하게 된다. 우리는 어떤 것을 인식할 때에 기존 알고 있는 것을 바탕으로 받아들인다. 그렇기 때문에 기존 지식에 편향되는 인식의 왜곡이 발생할 수 있다. 왜곡된 인식이 누적되다 보면 다른 양상으로 이해가 흐른다. 이럴 때 필요한 도구가 비교와 분류이다. 비교와 분류를 통해서 차이를 이해할 수 있게 된다. 차이만큼 조금씩 왜곡되고 변형되었음을 한눈에 살펴보는 방법이다. 조금씩 변형되는 모습을 하나하나 정리해 놓고 보면 전체적인 흐름이 다시 짜이고, 새로운 규칙이 만들어질 수 있다.

유사한 것들과의 비교도 의미가 있지만, 전혀 다른 분야를 서로 대조하고 비교하는 방법도 의미가 있다. 이 분야의 정리된 사항을 저 분야에 대입하고 유추하는 과정이다. 음악에서 다루는 법칙을 수학에 활용하거나, 화학에 활용되는 분자의 성질을 철학에 대입하여 현상을 유추해 보는 방법은 기존의 갇힌 관념을 깨뜨리는 데 유용하다.

뇌 안에서만 생각의 도구를 활용하다 보면 뇌가 지친다. 이럴 때에는 몸을 사용하는 것도 좋은 방법이다. 몸으로 체험해 보면 생생한 느낌을 알 수 있다. 오감을 열고 감각을 극대화해 보자. 이것이 익숙해지면 상상과 조합해서 체험으로 확장해 보자. 현실의 제약을 뛰어넘을 수 있다.

생각과 상황을 통합하고, 변형하여 일정한 모델을 만드는 과정은 사안을 더욱 구체화할 수 있다. 1차원적인 형태에서, 2차원으로 확대하고, 3차원의 모델에서 사람들 사이의 관계와 시간이란 변수를 포함하여 생각할 수 있다면 더욱 현실에 근접할 것이다.

이런 일련의 과정을 통해 생각의 안쪽을 들여다보고, 확보한 정보를 가공하여 닫힌 생각에 침입하고, 우회하며, 다른 생각을 끼워넣고, 변형하는 작업이 사고에 대한 해킹 활동이다.

자신만의 생각 도구를 갖추는 것은 현상을 이해하는 데 큰 도움이 된다. 이것은 요리를 잘하게 되는 과정과 유사하다. 다양한 도구를 옆에 두고 자주 활용함으로써 실력이 늘게 된다. 관찰, 이해, 정보수집, 상상, 전체 보기, 단순화, 흐름 이해, 비교, 대조, 변형, 규칙화, 비유, 유추, 대입, 몸으로 체험, 느끼기, 오감 활용, 상상을 통한 조합, 확장, 모델 만들기, 관계와 시간이란 변수 고려하기 등 자신이 활용하고 싶은 방법을 적어 놓고 필요할 때마다 꺼내어 활용하다 보면 자연스럽게 익숙해진다.

해킹을 잘하는 방법

해킹을 잘하기 위해서는 우선 해커의 관점에서 현상을 바라보아야 한다. 과거 시대의 생각과 사상을 엿보기 위해서는 그 시대와 장소로 상상의 자신을 보내는 방법이 효과적이다. 그 시대 사람들의 모습을 전체적으로 그려 본 후에, 위에서 언급한 생각의 도구를 활용하여 환경적인 요소와 문화적인 요소를 끼워넣고 살펴보자. 그 당시에 절실히 필요로 했던 것이 무엇인지 찾는 것만으로도 핵심에 가까이 갈 수 있다.

다음은 설계자 관점에서 바라보는 일이다. 사상을 설계한 사람의 관점에서 생각해 보고, 그 사람의 생각을 해킹해 보는 것은 흥미로운 일이다. 설계자가 만들어 놓은 결과물은 언어의 형태로 코드화된다. 문자화된 코드는 글을 통해 우리에게 전달되어 왔다. 현재 우리가 볼 수 있는 것들이다. 그 문자화된 코드는 역(逆)코딩의 과정을 통해 다시 해체되고 조립될 수 있다. 우리가 이해하는 방식이다. 설계자의 코드가 현대의 삶에 미치는 영향이 적거나 의미가 퇴색되고 있다면 그 코드는 더 이상 유효하지 않다. 전달 과정에서 코드의 왜곡이 발생하였거나, 아직 우리가 코드를 제대로 해석하지 못했을 수 있다.

해킹 과정에서 놓치지 말아야 할 사항은 그 궁극적인 목표에 대한 이해이다. 해킹을 하다 보면 새로운 것들이 지속적으로 눈에 들어온다. 정해진 절차와 규칙을 깨부수고, 우회하여 침투하는 것은 스릴과 재미를 준다. 한편, 인간이 만든 삶의 코드는 오류가 무한히 많기 때문에 옆길로 빠지기도 쉽다. 해석을 잘못하여 엉뚱한 길로 빠질 수도 있다. 건드리지 말아야 할 것을 건드려서 선의의 피해가 발생할 수 있는 위험성도 갖고 있다. 약한 코드로 이루어진 고리가 먼저 끊어지고 누군가 피해를 입는 상황이 일어날 수 있다. 장기적 시각에서 보면 취약성이 있는 부분은 어떤 형태로든 수정되고 보완되는 것이 바람직하지만 해결의 순서가 바뀌고 선의의 약자가 피해를 입을 수 있다. 그래서 목적을 이해하고 시작하며, 목적에 대한 방향을 잃지 않음이 필요하다.

3. 신의 코드 대 인간의 코드

우리는 코드를 두 가지로 분류할 수 있다. 신이 만든 코드와 인간이 만든 코드이다. 신이 만든 코드는 우주, 생명, 물질, 자연의 변화, 자연의 법칙 등이다. 인간이 만든 코드는 언어, 규칙, 절차, 순서, 관습, 법, 윤리, 사상, 수학적 수식, 과학적 법칙, 컴퓨터에 사용되는 프로그램 코드 등이다. 자연과학의 법칙은 신의 코드를 밝혀낸 것이라 생각할 수 있다. 인간이 만든 코드는 법칙에 오류가 존재하고 언젠가는 뒤집힐 수 있다.

인간의 코드는 인위적이고, 오류를 내포한다. 지구가 태양을 365일에 한 바퀴 돌고, 24시간에 한 번씩 자전한다는 사실은 신의 코드에 해당한다. 인간이 인위적으로 만든 것이 아니다. 하지만, 30억 년이 지난 후 인간이 만든 과학의 법칙은 48시간에 한 번씩 자전하는 것으로 코드가 바뀌어야 할 수도 있다. 신의 코드에 의한 자연의 변화는 우리가 알지 못하는 크고 작은 힘에 영향을 받는다. 자연의 힘은 모든 물질과 생물에 동일하게 영향을 미치며 지속성을 지닌다. 노자 사상에서는 이런 자연의 성질을 항(恒)과 상(常)이라 지칭하고 있다. 항상 일정하다는 의미이다.

신의 코드에 균열이 시작된 사건이 있다. 바로 인간이다. 동물과 달리 인간의 두뇌가 코드를 창조하기 시작했다. 동물적 뇌를 해킹하여 서로 닫혀 있던 뇌의 각 부분들을 연결하기 시작했다. 뇌 내부에서 네트워크를 형성하고, 뇌의 영역 간에 관계를 맺고 정보를 주고받는 활동이 활발해졌다. 감정과 생각이 쌓아 놓은 기억을 조합하여 활용하기 시작했다. 이로써 신체 각 기관과의 연결 고리가 지속적으로 강화되어 손과 발을 자유롭게 활용할 수 있게 되었고 오감은 점점 더 예민하게 발달했다. 그 연결 고리는 인간 내부를 넘어 인간 사이의 관계로 확장되어 사회를 이룬다. 이 과정에 인간이 스스로 코드를 만들어 내기 시작하였다.

인간의 코드는 사회가 발전하고 삶의 방식이 발달하면서 지속적으로 수정되고 보완되어 왔다. 원시 시대 초기에 만들어 사용했던 코드와 비교하면 놀라운 발전이며 도약이다. 신의 코드와 비교하여 가장 큰 차이점은 관계를 기초로 하고, 관계에서 많은 영향을 주고받는다는 것이다. 인간의 코드가 신의 코드와 달리 불안정하고 불합리한 이유는 관계에서 발생하는 유리함과 불리함을 고려하기 때문이다.

기존의 사상과 법칙에 대한 우회, 반대, 파괴는 관계의 불합리한 부분과 불안정한 부분을 깨닫고 이를 비판하면서 시작된다. 코드의 오류를 해킹하고 새로운 코드로 갱신하는 과정이 인류의 역사가 흘러온 모습이다.

신의 코드는 인간의 코드와 다르게 유리함이나 불리함을 인위적으로 조작하지 않는다. 지구라는 하나의 세계 안에서는 동일한 법칙을 적용한다. 지구를 벗어난 우주에서는 또 다른 세계의 법칙이 작용한다. 그 예로 지구 대기가 없는 우주 공간에서는 태양의 감마선, X선 등의 우주 전자기파가 생명체에 직접적 영향을 미친다. 지구를 떠나 다른 행성에서 살아가기 위해서는 우리가 알고 있는 코드 이외에 상상을 초월할 정도로 더 많은 지식과 정보의 코드가 필요하다.

진화론적 관점에서 코드의 변화는 풀이나 나무, 동물이 변화되는 모습으로 인식해 왔다. 환경과 개체가 유기적으로 관계를 맺으면서 변이가 발생한다. 개체, 기관, 세포 단위, 그리고 그보다 더 작은 단위인 유전자 단위로 코드의 변형이 계속 이루어져 왔다.

우리는 4차 산업혁명이라는 인류 진화의 변곡점 위에 위치하고 있다. 컴퓨터의 도움과 융합된 지식의 발달로 지난 세기와는 비교할 수 없을 만큼 새롭고 놀라운 코드를 만들어 내고 있다. 그러나 빠른 변화에 따른 새로운 코드는 오류를 동반한다. 그 오류로 인해 인류가 되돌릴 수 없는 위험에 빠지게 된다면 실수의 책임을 누구에게 돌릴 수 있겠는가? 철학이라는 도구를 활용하여 코드의 안정성을 살펴보아야 한다. 우리가 만드는 코드의 오류를 찾고, 취약한 코드를 해킹해서 바로 세우려는 노력이 필요하다.

노자는 2,500년 전에 자연을 바라보고 사상의 코드를 작성하였다. 우리가 살고 있는 지구를 하나의 세계로 분류하였으며, 비어 있는 듯 보이는 공기 중에 물이 존재함을 인식했다. 그 물의 힘에 의해 태양의 강렬한 빛이 누그러져 인간이 살아갈 수 있다고 설명하고 있다. 부처는 인간을 포함한 이 세상의 모든 것은 관계 기반으로 이루어진다고 설명하고 있다. 관계에서 발생하는 인간의 고통과 괴로움을 다스리는 방법을 반야심경이라는 코드로 전달하였다. 2,500년 전부터 전해 오는 두 가지 커다란 사상의 코드를 다시 해석하고 이해하여 우리가 만드는 코드의 오류를 최소화하는 도구로 활용할 필요가 있다.

2장

나를 바라보는 방법론

세상을 오온으로 나누어 들여다보고,

나의 의지와 행함에 거리낌이 없다.

스스로의 의지에 의해 살아가는 사람이 부처이다.

깨달음은 밝음에도, 어둠에도 연연하지 않는다.

일체의 흐릿한 생각을 멀리하는 명상은

나를 자유롭게 만든다.

1. 방법론의 시작

나는 무엇인가? 나의 존재는 어떤 의미인가? 나는 생전에 무엇이었을까? 나는 왜 태어났는가? 나는 어떻게 살아야 하는가? 죽음 이후에 어떻게 될 것인가? 이는 우리가 태어남 그리고 삶, 죽음에 대해 제기하는 커다란 질문들이다. 이런 질문들에 대해서 누구도 답을 자신할 수 없다. 경험과 실험, 그리고 논리에 의해 증명할 수 없는 사항이기 때문이다.

우리는 이런 질문에 대한 답을 얻기 위해 주로 종교에 의존한다. 하지만 그 종교도 사회가 쌓아온 가치와 관습에 의존하기 때문에 오류를 범할 수 있다. 그렇기 때문에 위 질문에 대한 답을 신에 대한 믿음으로 대신하여 설명한다. 삶에 대한 근원적 질문이 신의 영역에 위치하기 때문에 더욱 심오하게 느껴진다.

고대에는 이런 질문에 대한 답을 부모 또는 마을의 현명한 노인들에게 의존했다. 의식의 축적이 기록을 통해 늘어나자 이런 질문에 대한 답을 책을 통해서 찾고, 철학이라는 범주에 포함시켜 연구해 왔다. 삶이 빠르게 변하는 현대 사회에서는 이런 질문에 대한 답을 구하는 것보다 바쁜 일이 더 많다. 현대의 철학은 위축되어 경험과 실험, 논리적인 근거를 바탕으로 삼는 과학에 밀려난 양상이다.

삶에 대한 근본적인 질문과 이에 대한 해답을 구하는 일도 과학에 넘겨주고 있다. 새 생명의 탄생과 관련하여, 엄마와 아빠를 통해 새 생명의 씨앗이 만들어지고 엄마의 뱃속에서 10개월 정도 세포 분열과 성장을 거듭하여 아기가 태어난다는 것을 의심하는 사람은 없다. 죽음에 이르러서는 더 이상 새로운 세포의 분열과 성장이 없다. 노화된 세포가 제 역할을 못 하고 하나씩 기능을 잃어 가는 과정 속에 인간이 죽음을 맞이한다는 사실을 의심하는 사람도 없다. 사람마다 삶을 마치는 모습과 과정이 다르다는 것을 의심하는 사람도 없다.

하지만 삶의 시작 이전과 삶의 종료 이후에 대한 질문, 그리고 삶을 어떻게 살아야 하는지에 대한 질문에 과학이 제시하는 답은 없다. 종교에서 인도해주지 못하는 부분과 과학에서 설명하지 못하고 있는 부분이 무엇인지 깊이 고민해볼 필요가 있다. 이것이 철학이 필요한 이유이다. 믿음에 의지하려는 마음과 과학의 논리적인 설명에 기대어 잠시 접고 있었던 인간 스스로에 대한 질문과 답을 찾아가는 과정이 철학이다. 그 첫 번째 방법론을 살펴보자.

싯다르타는 삶이 시작하는 시점부터 주어지는 차이에 대해 의문을 품기 시작했다. 화려한 왕궁에서 왕의 아들로 태어난 자신의 모습과 왕궁 외부 행차 중 만난 거지들과 궁핍한 사람들의 모습을 비교하면서 삶에 대한 의문들이 쏟아졌다. 왜 이 사람들은 이렇게 어려운 환경 속에 태어나고, 이런 삶을 물려받아 가난 속에서 살아야 하는가? 나와 다른 사람과의 차이에 대한 질문이다. 과연 왕궁 안에서의 편안한 삶이 좋기만 한 것인가? 이들의 삶은 나쁜 것인가? 갖고 있는 것과 갖고 있지 못한 것에는 어떤 차이가 있는가? 왕자의 신분인 나에게 주위 사람들은 내가 원하는 모든 것을 제공한다. 그럼에도 불구하고 아직 부족한 것이 있다는 마음이 나를 괴롭혔다. 왕궁 안에서 편안하고 화려한 환경과 좋은 음식을 누리면서도 무엇인가 채워지지 않는 것이 있었기 때문이다. 신분의 차이에 대해 고민하고 상상해 보았으나 이해가 잘 되지 않는다. 내가 소유하지 못한 것은 서민들의 궁핍, 가난, 괴로움 등이다. 그런 가난과 괴로움 속에서도 가족과 주위를 바라보고 미소 지을 수 있는 여유 또한 내가 가지지 못한 것들이다. 체험을 통해 이해하기로 결심하고 왕궁을 나섰다.

과연 좋은 것과 나쁜 것의 차이는 무엇인가? 좋은 것과 나쁜 것에 대한 차이를 어떻게 인식하는가? 그러한 인식을 바탕으로 사람들의 행동이 어떻게 변하는가? 좋게 또는 나쁘게 느끼도록 만드는 요인은 무엇인가? 인식의 변화를 가져오는 근원적 요소에 대해 이해가 필요했다.

인식의 변화는 우리의 내부와 외부의 변화로부터 시작된다. 변화는 우리가 사용하는 언어에서 동사로 표현되는 영역이다. 움직임에 해당한다. 나를 둘러싼 세상은 끝없이 움직이고 변화한다. 주체와 객체 사이에 무엇인가를 지속적으로 주고받으며 세상이 움직이고 있다. 그 주체와 객체 사이에는 일련의 연결된 관계가 존재한다. 관계가 없다면 변화 또한 없을 것이다. 즉, 주체가 되는 것과 객체가 되는 것을 연결해 주는 것이 관계이다. 결국, 이 세상의 모든 것은 어떤 형태로든 연결된 관계이다. 나의 삶은 이런 관계로 맺어지고, 관계 속에서 살아가고 있다.

관계를 살펴보는 것이 부처의 방법론이다. 관계 속에서 변화의 모습을 이해하는 방법이다. 변화와 관계를 살펴봄으로써 인간 마음의 근원적인 속성을 이해할 수 있다. 그 이해를 찾아가는 과정에서 마음의 괴로움을 떨쳐내고 세상의 이치를 깨닫게 된다.

그 시작점은 왕의 아들 싯다르타가 모든 것을 버린 가장 밑바닥에서 출발했다. 가진 것을 모두 버린 상태이다. 가진 것이 없는 상태는 빈 땅에 나 홀로 앉아 있는 것과 다름이 없다. 공(空)의 상태이다. 아무것도 가진 것이 없는 0의 상태에서 나 자신과 세상을 바라보기 시작한다. 물질적, 신체적, 정신적 공(空)의 상태를 이루고 세상을 관찰한다. 굳이 뛰어다니며 사람들에게 묻고 구할 이유도 없다. 명상을 통하여 내면에서부터 나를 알아가는 방법이다. 안으로부터의 이해라고 할 수 있다. 즉, 부처가 선택한 방법론의 시작은 모든 것을 버리고, 공(空)에서 출발함이다.

우리는 본능적으로 선택의 순간이나 어려움에 처해 있을 때 내가 향하고자 하는 방향이 맞는지 원점에서 다시 확인해 보려고 한다. 위기에 대처하는 자연스러운 모습이다. 길을 잃었을 때, 바다 한가운데에서 방향을 잃었을 때에는 나침반이 필요하다. 나침반이 없다면 해와 별의 위치, 방향 및 바람의 흐름 등 온갖 감각과 정보수집을 통해 방향을 찾고자 할 것이다.

삶에 있어서도 마찬가지이다. 삶의 목적과 방향을 잃으면 올바른 방향을 다시 찾으려고 노력한다. 지식과 경험 및 주변 사람의 의견을 활용한다. 삶이라는 망망대해의 한가운데에서 풍랑으로 배가 뒤집힐 수도 있고, 물과 먹을 것이 떨어져 고통을 겪을 수도 있다. 방향을 잃고 주위를 빙빙 도는 상황에 처할 수도 있다. 하지만 살면서 찾아오는 위기, 고통, 불안과 같은 요소들을 모두 미리 알 수는 없다. 누구에게나 발생할 수 있는 일이다. 신이 아닌 이상 그런 것들을 미리 예측할 수도 없고 항상 올바르게 선택할 수도 없다.

다만, 살면서 벌어지는 일들에 대해 어떤 시각을 갖고 바라보는 것이 좋은 방법인지에 대한 이해를 구할 수는 있다. 즉, 인생을 헤매지 않도록 좋은 나침반을 갖추는 일이다. 그러면 인생의 좋은 나침반은 어디에서 구할 수 있을까? 우리는 이미 다양한 경로를 통하여 그런 지혜를 얻고 있다. 부모로부터 삶의 태도를 무의식적으로 따라 배우기도 하고, 친구와 선배로부터 구두로 전해 듣기도 하며, 책을 통해 사람들의 지식과 지혜를 전달받기도 한다. 불완전한 언어로 지혜를 옮기다 보니 때론 왜곡이 발생하기도 한다. 우리는 그런 지식과 지혜가 부족하기 때문이 아니라, 너무 많기 때문에 곤란하다. 어느 것이 나에게 적절한 것인지 혼란스럽다. 흔히 더 많은 지식과 경험을 얻고, 더 많은 부를 획득하여 지혜를 사면 된다고 생각한다. 더 많이 가지려는 욕심에 삶의 중요한 부분들을 놓치기 쉽다. 길을 잃어버린 채 헤매다 삶을 마감하기도 한다.

이에, 불가(佛家)에서 전해 오는 명상법을 소개한다. 마음을 비우고 공(空)의 관점에서 세상을 바라보는 방법이다.

2. 반야심경 명상법

나에게 다가오는 고통과 괴로움을 없앨 수는 없을까? 나의 마음 깊은 곳에서 일어나는 혼란을 이해할 수 있을까? 부처는 삶에 대한 고찰을 이런 질문들로 시작했다.

부처는 누구를 통해서 규율이나 지식을 배운 것도 아니고 가장 밑바닥 생활을 체험하며, 나무 아래 앉아 명상을 통해서 삶을 바라보는 지혜를 찾아갔다. 그런 수십 년간의 수행을 통해 깨달음을 얻었다. 그리고 그 깨달음을 사람들에게 나누어주었다. 제자들이 기록한 부처의 가르침이 전하여 내려오고 있다.

부처의 가르침은 B.C. 500년부터 조금씩 이웃 나라로 전파되어 C.E. 100년경에는 중국까지 전해졌다. 중국이 본격적으로 불교를 받아들인 것은 한나라 명제(C.E. 58~75년 재위) 시대이다. 한 명제의 꿈에 밝은 빛을 발하는 금으로 된 모습의 한 성인이 날아오더니 궁궐의 뜰에 내려앉는다. 다음 날 아침 명제는 신하들에게 꿈에 대해 물어보니 신하들은 그 사람이 천축국의 부처라 답한다. 명제는 사신을 천축국에 보냈고, 사신은 많은 불화, 불서 및 승려들과 함께 돌아왔다. 이 사건을 계기로 불교가 중국에 널리 퍼지게 된다.

시간이 흘러 당나라 제국 초기에 불교가 본격적으로 장려된다. 당 태종(C.E. 627~649년 재위)은 불교를 통해 백성들의 삶을 안정시키고자 했다. 부처의 가르침을 통해서 그리고 부처와 같은 마음으로 세상을 다스리고자 했다. 세상을 바르게 바라보는 마음으로 세상을 다스림이다(貞觀之治). 세상을 바르게 바라보는 방법은 나를 올바르게 바라보는 방법과 크게 다르지 않다. 나는 홀로 존재하지 않고 세상과의 관계 속에서 존재하기 때문이다.

당나라 시대 초기에 현장법사(玄奬法師)가 서역에서 가져온 657권의 방대한 불경이 『반야바라밀다심경(般若波羅蜜多心經)』이란 이름으로 번역되었다. 이는 당나라를 이끄는 사상의 기반이 된다. 반야심경(般若心經)은 그 핵심을 담은 요약서이다. 반야심경의 반야(般若)는 산스크리트어 '프라즈냐(Prajna)'의 음을 빌려 한자로 표기한 단어이다. 그 뜻은 지혜의 완성을 이룬다는 의미이다. 심(心)은 마음에 대한 경전, 즉, 마음을 다스리는 법이라는 뜻이다. 여기에서 마음은 감정과 생각을 모두 포함한 인간의 정신 작용에 해당한다. 반야심경은 헛된 마음, 어리석은 마음을 버리고 깨달음을 통해 세상을 바로 바라보는 명상에 대해 설명하고 있다.

반야심경의 첫 구절에 그 지혜의 완성을 이루는 명상법이 요약 설명되어 있다.

觀自在菩薩 行深 般若波羅密多時 照見 五蘊皆空 度一切苦厄

○ 누가?

  - 자신의 모습을 살펴보고자 하는 보살이

   [觀自在菩薩]

○ 무엇을?

  - 최고의 지혜와 깨달음을 얻기 위해

    [般若波羅密多]

○ 언제?

  - 깊이 수행할 때에

    [行深 般若波羅密多時]

○ 어떻게?

  - 세상을 이루는 5가지 영역을 공(空)으로 바라봄을 통해서

    [照見 五蘊皆空]

○ 왜?

  - 삶의 모든 고통과 괴로움을 버리고, 초월하기 위해

    [度一切苦厄]

관자재(觀自在)의 의미는 나의 존재를 바라봄을 의미한다. 나의 내재하는 마음을 살펴봄으로써 깨달음을 얻고자 하는 사람이다. 보살은 산스크리트 언어로 보리살타, 즉 깨달음을 구하는 자를 의미한다. 나를 바라본다는 의미의 관자재(觀自在)와 비추어 바라보는 것을 의미하는 조견(照見)이라는 어구를 통해서 명상 수행법이라는 것을 알 수 있다.

  명상 수행 관련 자세나 방법에 특별히 제한을 두거나 설명하지 않았다. 부처의 가부좌를 틀고 앉아 있는 모습 또는 불가에서 흔히 볼 수 있는 명상 수행 시 자세를 참고할 수 있다. 지긋이 눈을 감고 가만히 나를

살펴보자. 하나, 나의 몸을 포함하여 나를 둘러싼 모든 물실계(色)가 있다. 둘, 내가 외부로부터 받아들이는 과정(受), 즉 오감이라는 인식의 통로가 존재한다. 셋, 그것을 뇌리 속에 저장하는 지식과 앎의 영역(識)이 있다. 넷, 저장된 기존의 지식과 조합하여 비교, 상상, 유추 등을 수행하는 생각의 영역(想)이 존재한다. 다섯, 그것들을 기반으로 한 의식적 또는 무의식적 행위의 영역(行)이 있다. 이 다섯 가지 영역인 색(色), 수(受), 식(識), 상(想), 행(行)을 오온(五蘊)이라 한다. 나를 둘러싼 세상을 이해할 때 다섯 가지 영역으로 나누고 해석함이다.

오온(五蘊)

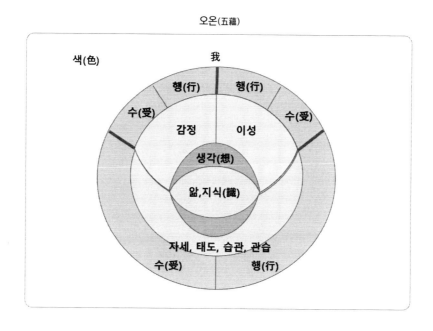

명상 수행은 위 5가지 영역에서 일어나는 현상들의 변화를 밝게 비추어 그 관계를 살펴보는 일이다. 그 변화를 이해하고 내 마음속에서 일어나는 거리낌, 불안, 불만, 불편한 감정과 생각을 초월하여 일체의 고

통과 괴로움을 다스린다.

신에 대한 믿음을 기반으로 한 수도 생활과는 확연히 다르다. 신에 대한 믿음을 전제로 하지 않는다. 신에 대한 믿음이 존재하는지 설명, 거증, 확신, 비교, 검증 등이 필요하지 않다. 다른 사람의 믿음에 대한 신뢰나 의심도 불필요하다. 자기 스스로의 내면으로부터 이루어진다. 자신을 바라보고 스스로 깨달음을 얻어 가는 과정이며, 깨달음을 얻었는지 판단도 스스로에 의해서 이루어진다. 단지 명상 과정에서 길을 잃지 않도록 자신과 세상을 바라보는 두 가지 원칙에 대해서 설명하고 있다.

3. 두 가지 원칙

반야심경 명상법의 두 가지 원칙

○ 원칙 1

　- 色不異空 空不異色 色卽是空 空卽是色 受想行識 亦復如是

보이는 것(色)은 보이는 것이 없어진 상태(空)와 다르지 않으며,

비어 있는 상태(空)는 있는 상태(色)와 다르지 않다.

즉, 보이는 것(色)은 보이는 것이 비워진 상태(空)와 같으며,

비어 있는 상태(空)는 존재하는 상태(色)와 같다.

외부로부터의 영향받음(受)과 생각(想),

행동(行), 일체의 앎(識) 또한 이와 같다.

첫 번째 원칙은 세상을 어떻게 바라보아야 하는지에 대한 설명이다. 나를 둘러싼 세상을 다섯 가지 영역으로 나누어 바라보는 방법론이다. 부처는 '세상은 이러이러하다', '이렇게 살아야 한다'와 같은 사항을 가르쳐주지 않았다. 부처가 사람들에게 알려주고자 하는 첫 번째 원칙은 세상을 바라보는 방법, 즉 생각하는 방법이다. 철학이 필요한 이유와 동일

하다.

세상을 바라보는 틀에 오류가 생기고 지속적으로 그릇된 믿음을 만들면서 인간은 수많은 참담한 일을 저질러 왔다. 누구나 살면서 바른 길을 벗어나기도 하고, 어떤 일에 실패하기도 한다. 나는 문제가 없다고 생각할 수도 있지만, 누군가에게 고통을 주기도 하고, 고통과 괴로움을 받기도 한다. 그런 상황들 속에서 갈등과 충돌로 인하여 상처가 쌓이고 원한과 증오가 마음속에 자리 잡게 된다. 이미 받은 마음의 상처와 한 번 쌓인 원한은 쉽게 사라지지 않는다. 이는 점점 커져서 삶을 어두운 방향으로 이끌어 가곤 한다. 세상을 살아가는 과정은 내가 원하는 대로만 이루어지지는 않는다. 나 혼자 사는 세상이 아니기 때문이다. 다른 사람으로부터, 그리고 나를 둘러싼 주위의 모든 물질, 환경으로부터 영향을 받는다. 내가 원하지 않는 방향으로 삶이 진행되는 과정에서 나의 마음속에 불안, 불만, 고통과 괴로움이 일어나게 된다. 고통과 괴로움을 줄이는 최선의 방법은 나를 둘러싼 상황에 대해 올바로 바라보는 방법을 갖추는 일이다.

세상의 모든 일은 어떤 인과 관계에 의해 만들어진다. 비록 그 원인을 모두 이해하고 찾을 수 없더라도 직접적 또는 간접적인 관계의 조합에 의해 결과가 맺어진다. 우리는 현상에 대해 다 이해할 수는 없다. 동일한 현상에 대해서도 사람마다 다른 해석을 만든다. 다른 관점에서 현상을 바라보며 이해하기 때문이다. 그래서 오해를 불러일으키기도 한다. 이해를 같이하는 사람끼리 더욱 친해지기도 한다. 관계가 복잡하면 복잡할수록 사회를 더욱 혼란스럽게 만들기도 한다. 첫 번째 원칙의 쓰임은 세상의 원리를 이해하는 것에 있지 않다. 현상을 받아들이는 나를 올바른 방향으로 이끌기 위함이다.

위 구절에서 가장 많이 논란이 되는 글자는 쏘(공)이다. 이 한자의 의미를 해석할 때에는 직관과 유추라는 도구가 필요하다. 공(쏘)이라는 글자는 공터, 공간, 공허, 공상 등의 쓰임과 같이 물리적, 정신적으로 비어있는 상태를 의미한다. 직관적 이해를 확장하고 싶다면 네이버 사전에 공(쏘)을 입력하고 관련 단어를 두루 살펴보면 조금 더 이해가 쉬울 수 있다.

일반적으로 사용하는 공(쏘)은 '비움'의 의미이다. 논리적으로 공(쏘)은 단순히 없음(無)이 아니다. 물질을 기준으로 존재의 유무를 구분하는 없음(無)으로 공(쏘)의 의미를 오해하지 않아야 한다. 그런 의미라면, 무(無)와 유(有)라는 단어를 사용했을 것이다. 무(無)와 달리 공(쏘)이라는 글자에는 공(工, 장인/사람)이라는 글자가 들어가 있다. 사람이 공(쏘)에 개입이 되어 있다. 즉, 공(쏘)이라는 개념은 물리적인 물질의 존재와 상반되는 무(無)의 개념보다는 사람이 개입된 비움이다. 사람이 굴(穴)을 파고 인위적으로 빈 공간을 만든 형상이다. 즉, 사람에 의해 발생하는 비움과 채움의 관점에서 사용되는 단어이다. 관계를 기반으로 사용하는 글자이다. 그래서 공(쏘)이라는 글자는 헛되다, 쓸쓸하다, 부질없다 등의 의미로 많이 사용된다. 위의 번역을 부질없다, 헛되다의 번역으로 다시 풀어 보면 아래와 같다.

"눈에 보이는 것은 보이는 것이 비워진 상태와 다르지 않다. 비워진 상태는 다시 보이는 상태와 다르지 않다. 즉, 보이는 것은 부질없으며, 부질없는 것 같지만 다시 눈에 보이는 상태를 이룬다. 그리고 외부로부터의 영향받음(감정)과 생각, 행동, 일체의 앎(지식) 또한 이와 같다."

앞 구절에서 공(쏘)은 비움 상태를, 두 번째 구절에서는 부질없음, 헛됨으로 그 의미를 해석하였다. 즉, 보이는 것에 대해 연연하지 않음이다.

그렇지만, 그 현상은 실제로 없어지지는 않는다. 단순히 상황에 대해 연연하지 않는 것이 아니라 사실에 대한 수용을 포함한 대응 자세이다.

첫 번째 원칙을 이해하는 과정에서 오온(五蘊)의 보이는 것, 즉, 색(色)을 기준으로만 해석하다 보면 본연의 뜻을 벗어나기 쉽다. 색(色)뿐만 아니라, 수(受), 상(想), 행(行), 식(識)을 동일한 방법으로 해석하고 적용할 수 있어야 한다. 색(色) 기준으로만 이해하는 것은 1/5에 불과하다. 보이는 것 기준, 즉, 물질 위주로만 세상을 이해하려 함이다. '원칙 1'을 다시 풀어서 쓰면 아래와 같은 5개의 문장이다.

색不異空 空不異色 色卽是空 空卽是色

受不異空 空不異受 受卽是空 空卽是受

想不異空 空不異想 想卽是空 空卽是想

行不異空 空不異行 行卽是空 空卽是行

識不異空 空不異識 識卽是空 空卽是識

오온(五蘊)의 나머지 각 영역에 대한 해석을 채워넣어 보자.

[받아들임, 생각, 행위, 지식]은 [받아들임, 생각, 행위, 지식]이 비워진 상태와 다르지 않다. 비워진 상태는 [받아들임, 생각, 행위, 지식]이 있는 상태와 다르지 않다.

즉, [받아들임, 생각, 행위, 지식]은 부질없으며, 부질없는 상태이지만 [받아들임, 생각, 행위, 지식]이 있는 상태를 이룬다.

물질, 현상 위주의 해석을 넘어서서 나의 감각과 감정, 생각, 행동(의

사), 그리고 무의식과 의식을 통해 배운 모든 앎(지식)의 영역에 대해 바라보는 관점이 확장된다. 반야심경을 읽는다면 필히 위 다섯 가지 영역을 펼쳐서 이해하는 것이 필요하고, 수행의 도구로 독송한다면 다섯 가지 영역을 펼쳐서 의미를 새기며 주문을 읊는 것이 바람직하다.

'원칙 1'을 수학적, 논리적으로 접근해 보자. '원칙 1'의 명제는 공(空)을 기준점으로 비워지고, 채워진다. 비워진 상태를 수학적으로 표기하면 '0'이다. 즉, '0'의 개념이다. 바빌로니아에서 기원전 300년경 '0'이라는 기호로 처음 사용하였다고 하지만, 동양에서 '0'의 개념은 그보다 이전부터 이미 존재해 왔다.

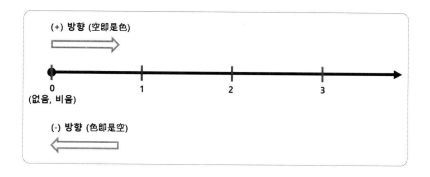

색즉시공, 공즉시색을 이야기할 때, 공(0)을 기준점으로 삼은 이유는 무엇일까? 공(0)이 아니었다면, 어떤 기준점을 대신하여 이야기할 수 있었을까? 결론을 찾기는 쉽지 않다. 특정한 기준점 설정은 불가능하다. 사람은 모두 제각각이다. 저마다의 관점과 저마다의 생각이 존재하기 때문에 공통된 기준점을 1, 2, 3…; 어떠한 숫자로도 지정하기 어렵다. 물론 자연수가 아닌 7.7, 9.9999, 3.141592… 형태의 특별한 의미를 주는 숫자로 기준점을 정하는 것도 마찬가지이다. 어떤 한 시점, 하나의 관점에서 의미 있는 기준점이 될 수는 있어도 모든 것을 아우르는 기준점을 마련하기에는 충분하지 않다.

자연계에서 일반적인 출발점은 0의 상태에서 시작한다. 그 시작 이후 우리가 인식하게 되고, 그 인식의 과정에서 좋고 싫음이 발생한다. 나에게 좋은 일과 좋은 상태는 즐거워할 것이고, 나에게 좋지 않은 상태는 아쉬워하거나 괴로워할 것이다. 아쉽다는 것은 욕구를 충족시키지 못함이다. 괴롭다는 것은 고통이다.

숫자를 재물, 재화, 재산의 양으로 대신해서 생각해 보자. 재화나 재산은 쌓으면 쌓을수록 더 많이 원하게 된다. 위 그림처럼 화살표 방향으로 끝없이 확장된다. 재산이 쌓이는 것은 숫자가 지속적으로 증가하는 방향이다. 1억, 10억, 100억, 1,000억이 되더라도 계속 증가할 수 있다. 하나의 지점은 그 사람의 환경과 시간의 조건에 따라 변할 수 있는 연속성 상의 한 점에 불과하다. 그렇기 때문에 양을 기준으로 행복을 측정하는 것은 한계가 있다. 물론, 가진 것이 0인 상태가 행복의 조건이 될 수 있다고도 할 수 없다. 다만, 재화의 양은 행복의 양과 비례하거나 일치하지 않는다.

정신 영역은 더욱더 숫자로 계량하여 표현하거나 기준을 마련하기가 어렵다. 그래서 공(0)을 기준으로 삼는 것이 유리하다. 공(0)을 기준으로 증가하는 방향과 감소하는 방향을 모두 살펴보아야 한다. 원점(0)으로 돌려놓고 바라보지만, 현재 벌어지고 있는 상황을 무시하라는 의미는 아니다. 공(0)을 기준으로 증가하고 감소하는 방향을 모두 고려하여 세상을 바라보면 세상의 변화에 대해 한쪽으로 치우치지 않고 올바르게 이해하게 된다.

○ 원칙 2

  - 是諸法空相 不生不滅 不垢不淨 不增不減

모든 법칙은 어우러짐이 서로 비어 있다.

(모든 법칙은) 생성되지도 소멸되지도 않고,

(모든 법칙은) 더럽지도 깨끗하지도 않으며,

(모든 법칙은) 늘지도 줄지도 않는다.

두 번째 원칙은 세상의 법칙에 대한 정의이다. 우리는 법칙을 크게 자연에 대한 법칙과 사회 속에서 인간이 만들어 낸 법칙으로 구분한다. 통상 자연 법칙은 과학이라는 학문에 의해 해석되고 만들어진다. 중세 이후 신에 대한 믿음에 대해 의문을 제기하기 시작하면서 인간을 둘러싼 자연 현상에 대해 본격적으로 탐구하고, 기록하면서 과학이 체계화를 이루기 시작하였다. 자연에 대한 법칙이 정리되고, 문서화되면서 과학과 기술이 빠르게 발전한다. 지구와 달의 움직임에 대해 이해하기 시작하고, 물질 사이 인력의 존재에 대해 발견한다. 수학과 기호의 힘을 빌어 이를 객관적으로 기술하였다. 다양한 물질과 현상의 작용에 대해 객관적인 이해와 지식이 높아짐에 따라 자연과학의 법칙은 늘어나고 과학은 발전하여 현재에 이르고 있다.

한편, 사회 법칙은 사회를 이루고 살아가는 필요성에 의해 만들어졌다. 주로 통치자의 믿음과 신념이 언어로 표현되고 법칙화되었다. 법이 그것에 해당한다. 서양과 동양의 과학기술 발달 차이의 근원적 동인은 사상의 힘에서 비롯되었다. 동양에서는 사회의 구조적인 믿음과 사상이 더욱 견고하였기 때문에 그 사회 법칙과 질서를 기반으로 근대에 이르기까지 통치 체계가 유지되었다. 이를 깨고 나오기에는 과학과 기술의 힘이 빈약하고 부족했기 때문이다. 반면, 서양에서는 15세기 믿음에 대한 신뢰가 무너지면서 과학과 기술이 빠르게 혁신을 이루고 변화와 발전을 주도했다.

동서양을 막론하고 근대 이전, 사회 속에서 일어나는 규칙과 법칙을 통상 법(法)이라 부른다. 법은 인간 사회에 대한 규정이다. 법(法)이라는 글자의 의미를 살펴보면 물가(氵)에서 동물과 사람이 물을 먹고 가는(去) 순서를 형상화한 글자이다. 법(法)은 사회를 이루는 주요 사안에 대한 순서와 절차를 의미한다. 인간이 만드는 순서와 절차는 오류를 내포하기 쉽다. 한마디로 법(法)에는 오류와 결점이 많다. 어떤 관점에서는 바람직한 듯하나, 어떤 상황에서는 전혀 쓸모가 없고 해롭기도 하다.

한편, 자연과학의 법칙은 수학과 논리와 경험을 기반으로 만들어진다. 예외를 인정하지 않거나 최소화한다. 예외가 발생하는 경우 법칙이 아닌 모델, 표준이라는 용어를 사용한다. 자연과학의 법칙 또한 해당 법칙에 대한 이해가 부족한 경우 시간이 지나서 수정되기도 하고 파기되기도 한다.

$E = mc2$, $F = G \times m1m2/r2$라는 법칙의 예를 들어 보자. 전자는 아인슈타인의 질량과 에너지에 대한 법칙이고, 후자는 뉴턴의 중력에 대한 법칙이다. 두 개의 법칙은 자연 현상에 대한 수학적인 표현이다. 위 법칙들은 1억 년 전에도, 1천 년 전에도, 현재에도 다르지 않다. 물론 미래 어떤 학자에 의해 위 법칙에 대한 새로운 정의 방법이 도출되어 수학적 표현이 달라질 수는 있을 것이다. 중요한 점은 위 법칙들은 서로 간에 독립적이라는 사실이다. 법칙은 시간에 따라 변하지 않으며, 다른 법칙에 영향을 받지 않고 독립적이다. 하지만, 인간의 법은 수시로 변하고

수정되어 왔으며, 앞으로도 변해 갈 것이다. 완벽한 사회 법칙을 만드는 것은 불가능하다. 이는 법(法)이라는 것 자체가 관계와 순서를 규정한 것이라는 점에 그 원인이 존재한다. 인간 사회에서의 관계와 순서는 사회의 모습이 변함에 따라 계속 변하기 때문이다.

'원칙 2'를 요약하면 다음과 같다. 모든 법(法)은 상호 간에 공(空)하다. 즉, 관련성이 없고 독립적이다. 법(法)은 생겨나는 것도 아니고, 소멸되어 없어지는 것도 아니다. 다만 인간이 발견하거나 만들고, 인위적으로 법칙이라 부를 따름이다. 아울러, 법칙은 더럽지도 깨끗하지도, 늘지도 줄지도 않는다.

'원칙 2'를 해석할 때 주의할 사항은 '제법공상(諸法空相)'의 상(相)에 대한 해석을 누락시키지 않아야 한다는 것이다. 많은 해석에서 '諸法은 空하다'로 풀이하는 오류를 범하곤 한다. '원칙 1'에서 사용된 공(空)의 의미를 법칙에 대해 연장하여 적용하기에 발생하는 오해이다. '모든 법(法)이 공(空)하다'고 정의하는 순간 이 세상의 모든 순서와 관계는 공(空)=허무(虛)하다는 의미와 같아진다. 즉, 세상이 허무한 곳이라고 인식을 왜곡시키는 해석이다. 공상(空相)이란 단어는 오늘날 사용되지 않는다. 즉, 단어가 아니다. 문장의 서술부에 해당한다. 어우러짐이 없는 형태라는 뜻이다. 공상(空相) 이후의 구절은 제법(諸法)을 주어로 삼아 속성에 대해 설명하는 문장이다. 서술부 모두 법(法)에 대한 속성에 해당한다. 법에 대한 속성을 기준으로 사람 또는 물질(色)에 견주어 설명한다면 이또한 엉뚱한 방향으로 해석을 이끄는 일이다.

왜 '원칙 1'에 이어 '원칙 2'에 법(法)을 정의하였을까? '원칙 1'에서 제시된, 나를 둘러싼 세상을 바라보는 방법론을 활용하는 과정에 객관적인 해석이 필요하기 때문이다. 우리는 사회적 관계와 순서라는 영역에서 주관적이기 쉽다. 그렇기 때문에 사회가 복잡해질수록 객관적 관점의 질서와 규칙이 필요하다. 법의 쓰임이다. 그러나 사람이 만든 법, 규칙, 규율은 생겨나기도 하고 없어지기도 한다. 때로는 오점이 많아 더러운 것으로, 때로는 교묘하게 포장되어 깨끗하고 순수한 것으로 인식되기도 한다. 과도하게 늘어나기도 하고, 줄어들기도 한다. 우리가 만드는 법칙은 많은 오류를 내포하고 있기 때문에 객관적인 기준으로 적용하는 일이 쉽지 않다. 법을 만들고 집행할 때에 객관성을 보장하여야 한다. '원칙 2'의 법의 속성을 통해서 우리가 만드는 법이 오류를 지니고 있는지 살펴볼 필요가 있다.

인간은 스스로 만든 법에 과다한 믿음을 싣는다. 그 오류의 사례를 살펴보자. 지구를 중심으로 우주가 회전한다는 천동설이 대표적 사례이다. 천동설은 중세까지 이어진 강력한 믿음이다. 인간의 불완전한 감각에 의존하여 현상을 보이는 대로 해석한 결과이다. 15세기 이후, 사람들은 오직 신을 바라보던 학문에 염증을 느끼기 시작하였다. 인간과 자연 현상을 바라보기 시작한다. 르네상스 시대의 시작이다. 관점과 방향을 달리하고 과학과 기술이라는 이름의 도구를 사용하였다. 코페르니쿠스는 기존 인식을 바꾸는 새로운 주장을 발표한다. 지구가 태양 주위를 공전한다는 지동설이다. 그리고 갈릴레이 갈릴레오에 의해 감각에 의존하던 인식의 도구를 확장하기 시작한다. 망원경의 발명이다. 망원경으로 달과 행성을 관찰하다 보니 천동설로 설명이 안 되는 현상들이 보이기 시작한다. 기존 사회 믿음에 대한 의심이 객관적인 근거를 얻는 계기가 된다. 하지만, 믿음의 힘은 강력했다. 지동설을 주장하는 사람들은 신을 부정하고 교회법(法)에 반한다는 이유로 심판을 받는다.

로마 제국 말기 이후 천 년의 시간을 이어 온 믿음에 대해 의문이 제기되기 시작하면서 중세 시대는 서서히 막을 내리기 시작한다. 믿음으로 교묘히 포장되어 왔던 많은 법칙들이 과학의 힘에 의해 새로 정리되었다. 이제 실험되고 논리적으로 증명될 수 있는 사항을 기반으로 법칙을 세우기 시작한다.

4. 필요조건과 충분조건

반야심경은 두 가지 원칙을 세상에 알려주고 있다. 두 가지 원칙을 이해하고 명상, 수련하면 누구나 열반에 이를 수 있다고 설명한다. 하지만, 깨달음을 얻고 열반의 경지에 도달한 사람은 역사적으로 찾기 쉽지 않다. 거의 드물다. 무엇보다 그 경지에 대해 실험적으로, 경험적으로 증명할 수 있는 근거가 없다. 그래서 사람들은 열반을 과대포장한 신비주의 또는 공(空)을 지나치게 해석한 허무주의에 마음을 의탁하기도 한다. 높은 경지에 이른 것처럼 거짓된 사기 행각이 벌어지기도 한다.

반야심경은 열반의 경지에 도달했다는 판단 조건을 '원칙 1', '원칙 2' 이후 구절에 기술하고 있다. 열반에 이르기 위한 필요조건과 수행을 이루고 나면 충족시켜야 하는 충분조건에 대한 설명이다. 논리적으로 필요조건과 충분조건을 동시에 만족시켜야 하는 필요충분조건의 형태는 아니다. 필요조건에 기술된 사항을 모두 만족시키고, 충분조건에 기술되어 있는 사항을 모두 만족시켜야 하는 합집합 형태이다. 만약, 깨달음을 얻었다고 자부하는 사람이 있다면 반야심경에서 언급하고 있는 필요조건과 충분조건을 기준으로 살펴보자. 참과 거짓이 쉽게 가려질 것이다.

그럼 필요조건과 충분조건에 대해 살펴보자.

필요조건

필요조건은 우선 세상을 다섯 가지로 나누어 구분하고 밝게 비추어 바라보는 명상 수행을 해야 한다는 것이다. 그리고 위에서 언급한 두 가지 원칙을 이해하고 수행함이 필요하다. 물론 필자가 위 사항을 완벽히 이해하고 기술하고 있다고 장담할 수는 없다. 필자 또한 아직 열반의 경지와는 거리가 멀기 때문이다. 중요한 점은 위 사항에 대해 어떤 시각을 갖고 해석하더라도 해석의 오류가 있다면 뒤에 이어지는 충분조건에서 걸러진다는 점이다.

밝음과 빛에 대한 의미

충분조건을 살펴보기 전에 명상 수행을 할 때에 경계해야 할 사항에 대해 살펴보자. '세상을 밝게 비추어 바라본다'라는 것에 대해 오해하지 않아야 한다. 우리는 보이는 것에 현혹되기 쉽다. 보이는 것 기준으로 믿는다. 그리고 다른 사람의 믿음을 구하고자 할 때에 그럴듯한 과장을 더한다. 통상 부처님을 그릴 때 이마에 보석이 박혀 있는 상태에서 밝은 빛을 발하는 모습으로 그린다. 머리 또는 상반신 전체에 후광을 그려 묘사하곤 한다. 어쩌면 신격화 과정에서 발생하는 자연스러운 모습이다. 명상 관련 책들은 명상을 통해 내면의 빛을 바라보게 된다고 설명한다. 명상 수련의 경지에 이르면, 정수리 또는 뇌의 전체에서 스스로 빛을 낸다고 표현한다. 어떤 명상법은 빛의 밝기, 색, 양 등을 기준으로 명상 수행의 단계를 설명하기도 한다. 다양한 장소에서 명상을 수행해 본 사람은 이해할 수 있을 것이다. 빛이 있는 장소에서의 머릿속 느낌과, 빛이 전혀 없는 장소에서의 느낌은 전혀 다르다. 빛이 전혀 없는 암실과 같은 장소에서 명상을 해 보자. 집에 두꺼운 커튼이 있다면 밤에 불을 모두 끄고 명상 수행하는 것도 한 방법이다. 그리고 머릿속에 빛을 밝혀 보자. 빛이 밝게 느껴지는가? 빛을 비추어 다섯 가지 영역을 밝게 바라볼 수 있는가? 그렇지 않다는 것을 알 수 있을 것이다. 빛을 비추는 것과 같이 다섯 가지 영역을 또렷하고 밝게 바라보는 것과 그것을 그림과 같이 사실적으로 표현하는 것은 다른 일이다. 느낌에 대한 표현의 문제이다.

과연 빛이라는 것은 무엇이고, 어떤 역할과 의미를 지니고 있는가? 보편적 인식에서 빛은 밝음이다. 사람들은 어두운 것을 싫어한다. 어두운 것을 잘 모르는 상태, 어리석음으로 표현하고 밝음은 잘 이해함으로 받아들인다. 우리는 눈으로 사물을 인식할 때 빛의 반사를 통해 형체와 색을 구분한다. 밝은 빛을 발산하지 않고, 커다란 중량의 어두운 태양이 열만 내뿜는다고 가정해 보자. 빛이라는 것의 의미가 전혀 다르게 작용할 것이다. 인간도 박쥐처럼 고주파를 발산하고 반사된 파장을 통해 물체를 인식할지도 모른다.

빛은 크게 두 가지 역할을 한다. 하나는 정보 전달자의 역할이고, 또 다른 하나는 에너지 전달자의 역할이다. 성경에서 '태초에 빛이 있으라'라는 신의 명령으로 세상이 시작되었다고 설명한다. 우리가 살아가는 데 가장 중요한 요소가 무엇인지를 말해주고 있다. 우리는 빛을 통해 눈으로 사물을 인식하고, 빛을 통해 에너지를 전달받아 살아간다. 동물과 인간의 가장 큰 차이점 중에 하나는 빛에 대한 접근 방법이다. 인간을 제외한 모든 동물은 빛과 뜨거운 열을 두려워한다. 물론 빛을 비추면 몰려드는 오징어 같은 일부 예외 사항도 있지만 인간이 동물 가운데에서 최고의 위치를 차지한 이유도 빛과 불에 대한 두려움을 잊고, 이를 활용함에 그 근본적 원인이 있다. 그리스 신화에서 이야기하듯 태양의 불을 훔쳐서 인간에게 전달해주었을 때부터 인류의 역사는 시작되었다고 할 수 있다.

빛은 인간 삶에서 가장 소중한 역할과 의의를 지닌다. 그럼에도 불구하고 빛이라는 것에 대해서 우리는 아직 잘 모른다. 아직도 그 실체가 명확하지 않다. 그렇기 때문에 더욱더 신비로운 존재가 될 수 있다. 인간의 탐욕은 그런 빛에 대해서도 내 것으로 갖고 싶어 하고 내 마음대로 통제하고 싶어 한다. 하지만, 인간 스스로 뇌 속에서 빛을 발할 수는 없다. 상상력이 그런 모습을 기대할 뿐이다. 인간을 초월한 신과 같은 모습을 기대하는 갈망이다.

빛은 아직 과학적으로 논란의 대상이다. 빛이 물질에 해당하는 입자인지 또는 파동인지 가려지지 않았다. 최근에는 입자적 성격과 파동적 성격을 동시에 지닌다는 절충적 해석이 우세하지만 아직 정확히 빛의 정체를 이해하기에는 시간이 더 필요하다. 과학이 만능은 아니며 과학 또한 많은 오류를 내포할 수 있다. 명확한 사항은 우리는 아직 빛의 정체에 대해 정확히 알지 못한다는 사실이다. 알지 못하는 것을 교묘히 이용하여 사람들을 현혹하는 것을 구분하는 능력이 필요하다.

충분조건

반야심경이 제시하는 충분조건은 다음과 같다.

하나, 명상을 통해서 마음을 비운(空) 가운데 색(色), 수(受), 상(想), 행(行), 식(識)에 대해서 연연하지 않는다. 오온(五蘊)의 각 영역에서 일어나는 모든 것에 초연함을 의미한다. 눈에 보이는 것, 귀로 듣는 것, 코와 혀로 느끼는 것, 몸으로 체감하는 것 등 오감으로부터 만들어지는 모든 것에 의미를 두거나, 영향을 받지 않음이다. 눈에 보이는 현상, 소리, 향기, 맛, 촉각을 기준으로 규칙이나 관계의 법칙을 만들지 않음이다. 관계에 연연하지 않기 때문에 좋고 나쁨에 이끌리거나 꺼려하지 않는다.

둘, 감각과 인식에 대한 초월이다. 가만히 눈을 감고 명상을 지속하다 보면, 눈에 의존하지 않는 세계에 이르게 된다. 명상에 몰입하여 경지에 이르면 감각으로부터 생성되고, 부여하는 의미와 감각으로 알게 된 지식과 법칙을 초월하게 된다. 그렇게 되면 빛이 없는 어두움에 대해서 연연하지 않으며 깊은 어두움에 대해서도 초월하게 된다. 그 초월함이 지극에 이르면 늙는 것에 대해서도 죽음에 대해서도 연연하지 않는다. 늙고 죽는 것에 대해 연연하지 않게 되면 생의 고통과 번잡한 쌓임, 소멸함, 그리고 올바른 길을 추구함에 대해서도 연연하지 않고 초월하게 된다.

셋, 지혜에 연연하지 않는다. 얻음에 연연하지 않기 때문에 굳이 얻을 바가 없다. 이를 통해서 깨달음을 얻게 되고, 최고의 지혜에 다다르게 된다. 그렇게 되면 마음의 거리낌이나 고통과 장애가 사라진다. 마음의 거리낌이나 장애가 없기 때문에 무서움이나 두려움이 없어지며 앞뒤가 맞지 않는 일체의 허망한 생각을 멀리하게 된다. 마침내 열반의 경지에 이르게 된다.

앞서 언급한 충분조건을 하나라도 만족시키지 못한다면 명상을 통해서 두 가지 원칙을 되새겨 보아야 한다. 그러면, 이해가 부족했던 부분을 찾게 될 것이다. 나의 시각이 치우쳐 있거나 올바른 방향이 아니었음을 알게 된다.

5. 반야심경에 대한 오해 해소

역사적 사실과 용어에 대한 설명

C.E. 648년 이후, 반야심경 265글자를 이해하기 위해서 많은 해석이 글로 남겨졌다. 세월이 흐르는 동안 정제되어 핵심만 남은 것이 아니라, 인간 욕심만큼 더 많은 설명의 군더더기가 붙었다. 오히려 의미를 더욱 알기 어렵게 만들고 있다.

설명이 어지러운 이유는 실험과 경험으로 증명이 어렵기 때문이다. 그래서 갖은 해석과 논리를 붙여서 설명한다. 또 다른 이유는 우리의 언어가 완전하지 않기 때문이다. 우리가 사용하는 언어는 하나의 단어에도 여러 가지 의미를 내포하고 있으며 문장에 따라 의미를 다르게 전달한다. 같은 단어라 하더라도 시대의 변화에 따라 과거의 의미와 현재의 의미가 다른 경우도 많다. 그래서 오래된 글은 역사적 배경을 살피고 언어의 이해를 조심스럽게 구할 필요가 있다.

관세음보살(觀世音菩薩)

반야심경의 첫 구절에 나오는 관자재보살(觀自在菩薩)과 관세음보살(觀世音菩薩)이라는 용어에 대해 이해해 보자. 관자재보살(觀自在菩薩)은 자신의 존재를 바라보는 수행자이다. 자신의 존재를 오온(五蘊)의 관점에서 해석하면 의식과 무의식을 통해 활동하는 모든 습관과 행위(行), 두뇌 속에 갖고 있는 지식과 신체를 통해 익힌 몸의 행동 기억을 포함한 일체의 앎(識), 잠재의식과 이성적인 생각(想), 감정을 포함한 감각으로부터 받아들임(受), 그리고 물리적인 신체를 포함한 물질(色)로 구분된다. 그 다섯 가지 영역을 가만히 앉아서 눈을 감고 바라보자. 명상 수행의 시작이며 자신을 스스로 바라보는 수행의 시작이 된다.

부처 싯다르타 이후, 역사적으로 28명의 부처들 중에 관세음보살(觀世音菩薩)이라는 이름은 인도(팔리) 불교의 언어에 존재하지 않는다. 인도 지역의 불교에서 유래되지 않았기 때문이다. 불교가 동아시아에 전파되면서 관세음보살이라는 용어가 널리 사용되어 왔다. 동아시아 전체에 널리 전파될 정도로 큰 문화적 영향력이 과거 어느 시점에 있었을 것으로 추정한다.

세음(世音)은 세상의 소리이다. 세상 사람들이 삶에 대해 아우성치는 애원의 소리이다. 그런 소리를 들어주고 서민을 바라보길 기원하는 마음의 표현이다. 그런 모습의 부처가 관세음보살이다. 그래서 관세음보살을 불상으로 만들거나 그리는 경우에는 부처의 여러 가지 모습 중에 자(慈)애의 마음으로 세상 사람들을 바라보는 모습으로 표현한다. 신라와 백제의 온화한 부처님상(像)이 가까울 듯하다. 너그럽고 부드러우며 모든 사람의 아픔을 품어줄 것 같은 모습이다.

수나라는 고구려 원정 실패로 국가 재정이 어려워졌고, 백성들의 삶은 더없이 피폐해졌다. 동쪽의 작은 나라라고 여긴 고구려에게 패함으로써 국가의 사기는 땅에 떨어졌다. 이세민(李世民)은 국운이 기울어가는 수나라를 대신하여 당나라를 세웠다. 당 태종 이세민(李世民)은 나라를 설립하고, 강대국으로 만들기 위해 많은 노력을 한다. 국가 재정을 튼튼히 하는 한편, 인접 국가를 복속시키는 확장 정책을 지속 추진함과 동시에 교역과 문물의 교류를 장려했다. 이에 당나라 때에는 주변 국가와의 상업, 문화 교류가 어느 시대보다도 활발하게 이루어진다. 당나라 시대 수도 장안(長安)은 세계 최대의 교역과 문화 교류의 중심지였다. 그래서 지금도 큰 사건과 사고를 지칭할 때 '장안(長安)의 화제'라고 한다. 저 멀리 동유럽, 서인도에 이르는 서역 지방에서부터 동쪽으로는 백제, 신라, 일본에 이르기까지 전 세계 사람들이 모여들었고 문화가 융합되었다.

　태종 이세민은 정치적 안정을 위해 과거제도라는 관료 제도를 최초로 시행한다. 이는 계급과 혈연에 의한 지배를 제한하고 관료 사회 진출의 기회를 확대하는 커다란 변화였다. 죄인에 대한 처벌 유예를 통해 가혹한 형벌 집행을 최소화하고, 나라의 중요한 행사와 기일에 사면을 시행하여 관용을 베풀었다. 억울하게 누명을 쓴 사람들의 마음을 달래고 위안을 주는 통치였다. 당나라 초기는 중국 어느 시기보다 문화, 경제적으로 융성하고, 정치적으로 안정된 시대였다.

　중국인들은 당나라 태종 이세민을 역사에서 가장 성군으로 여긴다. 그리고 그의 정치를 '정관지치(貞觀之治)'라 칭송한다. 세상을 바르게 바라보고 나라를 다스리는 정치란 뜻이다. 나라를 잘 다스리기 위한 첫 번째 조건은 세상을 올바르게 바라보는 일이다. 대개 어떤 사안을 바라볼 때 자신에게 편리한 시각으로 바라보기 쉽다. 개인이나 특징 집단의 이익을 우선으로 여기곤 한다. 서민을 널리 이로운 방향으로 이끌기 위해서는 사심을 버리고 자애로운 마음으로 바라보아야 한다. 당 태종 이세민이 추구한 마음가짐이다. 너그럽고 자애로운 마음으로 서민들의 아우성을 들어주고 바라보는 모습이다. 한자로 표현하면 관세음(觀世音)이다.

우리가 주로 사용하는 세상, 세계라는 표현의 세(世)라는 의미가 자리 잡기 시작한 것 또한 이 시기로 추정된다. 그 이전의 문헌에서는 세상(世上)이라는 용어보다 천하(天下)라는 표현이 지배적이다. 세상(世上) 대신 천하(天下) 또는 지상(地上)이라는 용어가 사용되었다. 세(世)상의 서민(民)을 이롭게 한다는 당나라 태종 이세민(李世民)의 이름과 통치 방향이 일치한다. 황제의 이름 가운데 글자를 빌려와 사용하였다. 부처의 반열로 황제의 치세와 업적을 신격화한 노력이 성공하여 후세에 그 의미가 널리 전해진 것으로 여겨진다.

대당삼장성교서(大唐三藏聖教序)와 반야심경(般若心經)

당나라 태종 이세민의 재위 후반, 불가(佛家)에 커다란 사건이 하나 발생한다. 훗날 소설 서유기의 등장인물, 삼장법사(三藏法師)로 널리 알려진 현장(玄奘)스님이 17년간 서역 천축국으로 수행 여행을 마치고 C.E. 645년에 귀국한다. 고대에 17년 동안 목숨을 유지하면서 여러 국가를 여행한 것은 실로 경이로운 일이며 657권이나 되는 불경을 수집하여 돌아온 것 또한 역사적으로 커다란 의미를 지닌다. 부처님이 살았던 지역에서 수행을 통해 깨달음을 얻고, 수많은 불교 경전을 갖고 돌아온 일은 부처님의 보살핌이 없었다면 불가능한 일이다.

당 태종은 국가적 차원에서 환영을 아끼지 않았다. 그리고 갖고 온 경전들의 번역 사업을 적극 지원했다. 많은 고승들이 모여 657권의 방대한 불경의 한자화에 착수한다. 거의 천 년의 세월 동안 구전과 필사에 의해서만 전해 내려온 불경의 번역 작업에는 여러 가지 어려움이 따른다.

부처가 깨달음을 통해 남겨 놓은 사상의 심오함이 제일 큰 난관이다. 천 년간 덧붙여진 군더더기와 내용의 오류가 존재한다. 그리고 언어와 문화적인 차이로 번역 간에 내용의 변형이 불가피하다. 원측(C.E. 613~696, 신라의 승려)을 비롯한 당시 당나라에서 수도하던 많은 고승들이 부처의 사상을 해석하고 토론하여 한자로 정리하였다. 다른 관점에서 보면 부처의 사상을 한자 문화권으로 통합하여 수용하는 일이었다. 이렇게 번역된 657권의 불경은 동북아시아 불교의 기초가 된다. 이 불경은 우리나라에도 전달되어 고려 시대에 세계 최고(古)의 목판 인쇄물(1251년)이 제작된다. 팔만대장경이라는 이름으로 합천 해인사에 보존되고 있다.

당나라 태종은 657권의 불경 번역 사업 완성을 앞두고 이를 치하하는 서문을 작성하였다. 그 내용이 비석에 기록되어 전해 오고 있다. 1,785개의 한자로 이루어진 비문(碑文)을 통해 우리는 그 역사적 사실을 이해하고 있다. 서문의 공식 명칭은 '위대한 당나라의 세 가지 깊은 뜻을 담은 성인의 글(大唐三藏聖敎序)'이다. 교서는 황제, 왕, 성인의 가르침을 공식적으로 하달하는 글을 의미한다.

그 세 가지 글 중에서 첫 번째는 당나라 황제 태종이 지은 서문이다. 당나라 황제 태종이 역사적 편찬 사업을 완성하였다는 내용으로 글이

경상남도 합천군 가야면 해인사 고려대장경판

출처: https://commons.wikimedia.org/wiki/File:Korea-Haeinsa-Tripitaka_Koreana-01.jpg

시작된다. 이 역사적 사업의 배경과 완성에 대한 의의에 대해 서술하고 있다. "세상의 변화는 음과 양의 기운에 의해 이루어진다. 그 모습이 드러나는 부분에 대해서는 모습을 보고 이해할 수 있으나, 그 모습이 보이지 않는 심오한 변화에 대해서는 알기 어렵다…(후략)"의 853글자로 이루어져 있다. 두 번째 글은 황태자(2대 황제 고종)의 글이다. 현장법사가 17년간 인도, 파키스탄, 네팔 등 여러 불교 국가에서 수도 여행을 한 기록이다. 그 과정에서 일어난 사건과 고충을 기록한 667자의 글이다. 이 글은 천 년 후 명나라 시대에 서유기라는 소설의 모태가 된다. 황제의 명령을 받들어 C.E. 648년 8월 3일에 현장(弦裝)법사가 『반야바라밀다심경(般若波羅蜜多心經)』의 번역을 완성하였다는 내용으로 끝맺는다. 세 번째 글은 '반야심경(般若心經)'이다. 우리가 흔히 접하고 있는 반야심경 265글자는 여기에서 유래되었다. 265글자의 끝에 글의 제목 "반야다심경(般若多心經)"이 기재되어 있다. 657권의 번역서인 『반야바라밀다심경』의 핵심을 정리한 요약서이다.

당나라가 불교에 큰 힘을 쏟은 이유는 새로운 국가를 통치하기에 적절한 새로운 사상이 필요했기 때문이다. 춘추전국시대 이후의 여러 사상 중에 공자의 사상을 채택하기에는 태종의 황위 등극 과정에서의 무리가 있었다. 그 과정에서 형제를 제거하였기 때문에 인의(仁義)을 중시하는 유가 사상을 채택하기는 곤란했다. 노자의 자유로운 도가 사상은 정치적 힘을 결집해야 하는 황제의 입장에서 국가의 사상으로 공식화하기는 어려운 면이 있었다. 이런 시기에 657권이나 되는 방대한 양의 부처님 말씀을 집대성한 번역 사업은 국가적으로 큰 의미가 있는 일이었다. 부처의 사상과 황제의 애민 정신을 융합하여 국가적 사상으로 널리 전파하였다. 이때부터 세상 사람들의 뇌리에 관세음보살이라는 인식이 널리 퍼지게 되었다.

반야심경 265자를 이해하기 위해 『반야바라밀다심경』 657권 전체를 이해해야 하는 것은 아니다. 문서가 귀했던 시절에 전체를 읽을 수 있는 기회를 가진 사람은 극소수에 불과했다. 널리 내용을 전하고자 한다면 짧은 분량의 핵심 정리가 효과적이다. 그 핵심을 이해하기 위해 657권에 정통해야 한다면 핵심 요약문의 효용성은 의미를 상실하게 된다. 즉, 짧은 문구만으로도 이해가 가능해야 한다.

반야심경 이해를 위해 불가의 많은 지식을 전제로 해야 한다면 그 쓰임이 적절하지 않다. 공(空)에 대한 설명을 위해 현대 물리학의 이론을 빌리는 것도 시대의 전후가 맞지 않는 일이다. 부처의 시대에는 천체망

원경도 없었으며, 우주의 나이, 크기에 대한 지식은 물론, 빅뱅이라는 우주 초기 생성에 대한 가설적인 개념 또한 없었다. 물질이 원자로 이루어졌다는 인식도 없었을 뿐 아니라, 현대 양자물리학에서 다루는 원자보다 작은 입자와 반입자라는 용어조차 없던 시기이다. 현대 물리학 이론의 과학적, 수학적 이론을 잘 모르는 불가의 연구자가 이에 편승하여 공(空)의 원리를 설명함은 오히려 반야심경의 가치를 폄하시키는 일이라 할 수 있다.

인간의 능력은 아직 물질 생성에 관련한 이론적인 가설에 대한 기호화와 원자보다 작은 단위를 겨우 관찰할 수 있는 수준이다. 절대적인 공의 상태에서 물질, 즉 원자를 만들어 낸 적도 없다. 또한, 물질을 절대적인 공(空)의 상태로 보낼 능력 또한 없다. 현대 물리학이 설명하고 있는 부분은 물질의 원자 단위 이하에서 일어나는 변화에 대한 모습이다.

우리가 한번도 경험하거나 증명하지 못한 일을 설명할 때에 사람들은 믿음의 힘을 이용한다. 그 믿음이라는 것은 신의 영역이다. 그렇기 때문에 믿음을 기초로 한 주장을 사실화할 때 당해 낼 재간이 없다. 아직 아무도 모르는 사실이기 때문이다.

철학은 생각하는 방법을 연구하는 학문이다. 사실과 사실이 아닌 믿음을 구분할 수 있는 단초를 제공하고, 그 믿음이 올바르지 못한 방향으로 흐르지 않도록 예리하고 정교한 도구를 제공할 때 의미가 있다. 철학의 역사를 살펴볼 때에도 기존 사상과 믿음에 대한 물음으로부터 시작한다는 것을 알 수 있다. 인간의 이성은 지속적인 의문 제기와 해답을 구하는 데 사용될 때 그 존재 의미가 있다.

의(意)와 법(法)

반야심경에 사용되는 의(意)와 법(法)이라는 글자를 살펴보자. '무안이비설신의(無眼耳鼻舌身意), 무색성향미촉법(無色聲香味觸法)'이라 기록되어 있다. 문장 구조를 살펴보면 무의(無意), 무법(無法)이다. 뜻이 없고, 법칙이 없다는 의미이다. 무(無)의 의미를 완역하면 뜻을 의식하지 않고, 법칙에 연연하지 않는다는 의미이다. 눈, 귀, 코, 입, 몸에서 받아들이는 것에 의존하여 의미를 두지 말라는 뜻이다. 감각 기관으로부터 들어온 정보를 기초로 뇌리 속에 있는 기억과 엮어 관계를 맺어 법(法)과 규칙을 만들지 말라는 의미이다. 인간의 감각 기관은 외부와의 창구 역할이다. 그 창구를 지나면 마음속에서 정보에 대한 처리, 저장이 이루어진다. 즉, 관계 맺음이다. 관계 맺음 과정에서 순서와 법칙을 정하게 된다. 사람의 마음은 기존에 정해진 순서와 법칙에 어긋나는 경우 해당 사항을 평가하고 분별하게 된다. 그리고 다시 그 결과를 생각과 감정, 몸에 일정한 신호를 통해 되돌려준다. 인간이기 때문에 누구나 감각 기관에 의존하여 외부 상황을 받아들이고, 그것을 기초로 분류하고 구별하여 마음속에서 처리한다. 다만 그 의미에 초연하고 관계 맺음의 과정에서 인식이 만들어 내는 법칙에 연연하여 고정된 관념에 사로잡히는 것을 경계하라는 의미이다.

무(無)에 대한 이해

반야심경 265글자 중에서 가장 많이 사용된 글자는 무(無)이다. 한자 무(無)는 '없다'라는 의미로 받아들이면 일반적으로 이해에 큰 무리가 없다. 그러나 한자를 번역할 때에는 고려해야 하는 사항이 있다. 동일한 '무(無)'라 하더라도 위치 및 쓰임에 따라 의미하는 바가 다르다는 점이다. 반야심경에 사용된 무(無)의 쓰임을 나누어 보자.

하나, '없다, 아니다(No)'에 해당하는 부정의 의미이다. 둘, '의존하지 않다(do not rely on).' 셋, '집착하지 않다(do not adhere to).' 넷, '초월하다 (surpass), 극복하다(overcome)'의 의미로 사용되고 있다. 각각의 위치에서 적절한 의미로 해석되지 않는다면 자칫 엉뚱한 방향으로 해석이 이루어질 수 있다.

'무무명진 내지 무노사(無無明盡 乃至 無老死)'의 의미를 살펴보면 첫 번째의 무(無)는 '연연하지 않다'라는 의미로, 두 번째 무(無)는 '없다'라는 의미로 사용되고 있다. 세 번째 사용된 '무노사(無老死)'에서의 무(無)는 '연연하지 않다, 초월하다'라는 의미이다. 즉, 밝음이 없음에 대해 연연하지 않는 것이 지극에 이르면 늙어 가는 것과 죽음에 대해 초월하게 된다는 것이다.

밝음이 없다는 것을 다시 설명하면 이해하지 못하는 상태라 할 수 있다. 우리는 늙어 가는 것에 대해, 죽는 것에 대해 누구도 충분히 이해하고 살지 못한다. 그렇기 때문에 그렇게 되어 가는 것에 대해 이해를 구하려고 노력하며 아쉬워하고 두려워하기도 한다. 알지 못하는 것에 대한 두려움이다. 늙음에 대해 어떻게 대처해야 할지, 죽음을 어떻게 맞아야 할지 충분히 알고 있다면 두려워할 일이 없을 것이다. 그럴 수 없기 때문에 필요한 것이 초월함이다.

늙음과 죽음에 대한 연연함을 극복한 이후에 이르는 경지가 무고집멸도(無苦集滅道)이다. 즉, 삶에 대한 초월이다. 삶의 괴로움(苦), 살면서 쌓이는 것(集)과 잃어 가고 소멸되는 것(滅), 그리고 살아가는 올바른 방법(道)에 대해서 집착하지 않게 된다. 반야심경에서는 노자와 공자가 최고의 가치로 여기는 도(道)에 대해서도 연연하지 않고 초월할 대상으로 바라보고 있다. 세상을 살아가는 올바른 방법(道)을 어떻게 다 알 수가 있겠는가? 그 올바른 방법이라는 기준 자체가 인간이 만들어 내는 관계 중 하나의 법칙에 불과한 사항이다. 인간이 만든 법(法)에 대한 초월함을 이야기하고 있다. 집(集)은 세상만사의 쌓임이다. 사람은 혼자서 살아가는 존재가 아니므로 사회를 이루어 살면서 모든 것을 쌓아 가면서 산다. 물질적인 부분도 쌓아 가고, 지식이나 감정과 같은 정신적인 부분도 쌓아 가면서 산다. 쌓아 가는 과정에서 발생하는 욕심과 과도함을 표현하는 단어가 집착(執着)이다. 집(集)은 사회를 이루며 살아가는 인간의 세상에서 생성되고, 모아지고, 이루어지는 모든 것을 지칭하는 쌓임을 의미한다. 그런 쌓임의 과정과, 그 쌓인 것들이 무너지고 소멸되어 사라지는 과정에서 발생하는 수많은 사건과 일들에 대해 연연하지 않음을 의미한다.

원리일체전도몽상(遠離一切顛倒夢想) 구경열반(究竟涅槃)

열반의 경지에 이르는 마지막 충분조건이 '원리일체전도몽상(遠離一切

顚倒夢想)'이다. 일체의 '전도몽상'을 멀리하면 마침내 열반에 이르게 된다. '전도몽상(顚倒夢想)'의 의미는 무엇일까? 어떤 내용을 전달하고자 하였을까? 왜 열반에 이르는 마지막 단계에 '전도몽상'을 언급하고 있을까? 전도몽상(顚倒夢想)을 한자 그대로 해석해 보면 '누워서 만드는 흐릿하고 뒤집힌 꿈을 꾸는 듯한 생각'이다. 누워서 생각한다는 것의 의미는 게으름을 의미한다. 실천과는 무관한 게으른 상상이다. 다른 의미로는 앞과 뒤가 뒤집힌 생각이다. 전후좌우, 앞뒤가 맞지 않는 생각들이다. 그런 생각들은 밝음(明)과 거리가 멀다. 그렇다고 밝음(明)의 반대쪽에 위치한 어두운 생각도 아니다. 이도 저도 아니고 꿈을 꾸듯이 흐릿하고, 깨어나면 허망한 생각들을 말한다.

열반에 이르는 마지막 구절에 이런 언급을 한 이유는 삶에서 이런 흐릿한 생각을 멀리하고 실행을 강조함이다. 병에 걸렸을 때에 백약이 있어도 먹지 않으면 의미가 없다. 삶에 있어서도 좋은 생각이 많이 있다고 한들 실행이 이루어지지 않으면 아무런 쓸모가 없다. 많은 수행과 명상으로 자신의 마음이 깨끗하고 깨달음을 얻었다 자부하더라도 삶을 살아가는 모습이 앞뒤가 맞지 않고 허망하다면 무슨 의미가 있겠는가?

수행을 많이 하여 깨달음을 얻었는지를 증명하기는 불가능하다. 하지만 일체의 전도몽상(顚倒夢想)을 멀리하고, 그 깨달음을 바탕으로 살아가는 사람인지 구별하는 것은 크게 어렵지 않을 수 있다. 다른 사람들이 일면을 바라보고 칭송하는 것은 큰 의미가 없다. 스스로 되돌아보면 명상과 성찰의 시간이 더욱 필요한지 쉽게 알 수 있다.

마침내 열반(涅槃)에 이른다. 열반(Nirvana)이란 문자의 의미는 불어서 꺼진다는 뜻이다. 열반은 모든 것을 초월하여 어떤 것에도 의존하지 않는 자유의 상태로 볼 수 있다. 인간이 갖고 있는 불완전한 정체성을 초월함이다.

반야심경 해석 과정에서 특정 관점으로 특정 방향을 바라보고 이야기하는 것은 해석자의 자유이다. 어떤 접근법을 활용하는지 또한 마찬가지이다. 반야심경 265글자의 숨은 뜻을 이해하기 위해 불교학자라면 불교 경전을 살펴보고 하나씩 논리와 연관성을 살펴볼 것이다. 언어학자라면 용어의 변천과 문장의 위치와 사용을 기준으로 해석을 펼칠 것이다. 철학을 하는 사람은 생각이라는 도구를 사용할 것이다. 왜 반야심경이 만들어졌을까? 반야심경은 당시에 어떤 의미가 있었을까? 현재는 어떤 의미일까? 반야심경을 이해하기 위해 불교의 깊은 사전지식이 꼭 필요할까? 등등.

그러면, 우리는 반야심경을 어떻게 받아들이는 것이 좋을까? 반야심경은 한마디로 마음을 다스리는 경전이다. 이를 활용하여 나의 마음을 다스리는 데 도움이 되어야 한다. 무슨 의미인지도 모른 채 아침저녁으로 열심히 반야심경을 읊조리는 것이 무슨 소용이 있겠는가? 반복적으로 주문을 읊조리는 이유는 마음속 깊이 의미를 되새기고 그 교훈을 잊지 않기 위함이다.

그 내용을 이해할 수도 없는 용어로 공허하게 포장하여 사람들의 마음을 어지럽게 만드는 것을 경계해야 한다. 반야심경 명상을 통해서 내 삶의 괴로움을 줄이고 사람들과의 관계를 원만하게 만드는 데 도움이 되어야 한다. 더 나아가 우리 사회의 고통과 괴로움(苦)을 최소화하고, 밝은 사회로 이끄는 도구로 활용함이 바람직하다.

3장

세상을 바라보는 방법론

우주는 보이는 것과 보이지 않는 것의 공존이다.

강렬함이 조화롭게 되고 분열이 해소될 때 생명이 살아난다.

물은 어떤 형태의 그릇에도 담길 수 있다.

더없이 깊고, 담백하며, 투명하다.

질서정연하고, 조화로우며, 때를 잘 지킨다.

1. 노자 사상의 시대적 배경

고대 중국의 역사는 하나라를 시작으로 은나라, 주나라(B.C. 1046~B.C. 771)로 이어져 내려왔다. 주나라 말기 수많은 제후국으로 쪼개어져 중국 대륙은 전쟁이 빈번한 혼란의 시대가 되었다. 이 시기를 춘추전국시대(B.C. 770~B.C. 220)라 한다.

혼란과 격동의 시기는 인간 삶에 많은 변화를 초래한다. 기존 사회에서 유지되고 있던 믿음이 무너지고 새로운 질서가 자리 잡게 된다. 노자, 공자, 맹자, 순자 등 제자백가라 불리는 많은 사상가들에 의해 동아시아 사상의 기초가 다져진 시기이다.

노자의 실존 여부는 불분명하다. 노자의 사상을 담고 있는 도덕경 원본도 희미하기는 마찬가지다. 옛 무덤의 발굴로부터 이어져 내려오는 몇개의 고서(古書)만 존재한다. 사마천의 『사기』에 따르면 노자의 성은 이(李), 이름이 이(耳)이고, 자는 담(聃)이다. 초나라 고현(苦縣) 여향(厲鄕) 곡인리(曲仁里)에 살던 사람이다. 주나라 왕실 도서관에서 책을 만들고 관리하는 사관(司官)이었다. 현대로 비교하자면 국립대학교 연구원 정도이다.

노자 본명의 한자를 되짚어 보면 이(耳)는 많이 들은 사람 또는 많이 들어 학식이 있는 사람이다. 이순(耳順)을 바라보는 60세 노인일 수도 있다. 담(聃)은 귓바퀴가 없다는 뜻으로 나이가 들어 청력이 희미함을 의미한다. 춘추전국시대의 혼란한 상황으로 추정해볼 때 귀를 잘리는 형벌을 받고 도주하는 학자로 상상해볼 수도 있다.

노자가 살았던 초나라 고현(苦縣)은 고(苦)통스러운 지역이라는 의미이다. 여향(厲鄉)의 여(厲)는 괴롭다, 즉 괴로운 지방이라는 뜻이다. 곡인리(曲仁里)는 고통과 괴로움에 사람들의 마음마저 굽어버린 마을이라는 의미이다. 의미를 살펴볼 때, 실제 지명이 아니라 전쟁의 피해와 갖은 폭정 속에서 어렵고 힘든 시대를 살아가는 사람이란 의미이다.

노자의 사상이라 전해 오고, 노자의 저서 도덕경이라고 불러 왔다. 하지만, 노자(老子)를 다른 관점에서 해석하면, 사상을 세운 사람이 아니라 도덕경을 읽어야 할 독자, 즉 대상일 수 있다. '노자(老子)를 위한 도덕경(道德經)'이라는 표현이 더 정확할 듯하다. 나이 들어서 삶에 대해 어느 정도 완숙에 이른 사람을 위한 책이다. 노자(老者), 즉 늙은 놈이 아니라 늙었지만 성숙한 성인(聖人), 노자(老子)가 되기 위해 갖추어야 할 삶에 대한 교훈을 전달하는 글이다.

도덕경의 배경 시대인 춘추전국시대는 그야말로 대혼란기였다. 혼란의 시대가 도래하는 이유는 기존 질서와 체계가 부족하여 사회가 어지럽기 때문이다. 그러면 기존 질서의 붕괴 원인은 무엇이었을까? 기존 질서를 붕괴시킬 만큼 커다란 변화를 도래한 사건은 무엇이었을까? 인간 사회 전반적으로 영향을 주는 사건은 살아가는 방식에서 근본적인 변화가 시작될 때 발생한다. 본격적인 철기 도구의 사용이다.

철기는 B.C. 1000년 이전부터 사용하기 시작하였다. 철은 고체에서 액체로 변하는 녹는점(1,500℃)이 높아 철광석을 녹여서 철제 도구를 만들기가 쉽지 않다. 철기 도구를 본격적으로 생산하기 위해서는 고온의 용광로가 필요하다. 불의 온도를 높이기 위해서는 더 많은 공기(산소)를 주입해야 한다. 풀무라는 공기주머니가 달린 바람불이 도구가 발명되기 전에는 입으로 바람을 불어 산소를 공급하는 방식에 의존하였기 때문에 철제 도구 생산은 극히 제한적이었다. 풀무가 사용되면서 입으로 바람을 불 때보다 70배 이상의 효율을 가져왔고 대량의 철제 도구를 만들수 있게 된다. 풀무를 통한 대량의 철기 제작으로 농기구에서도 철기의 활용이 가능하게 되었다.

철기는 청동기보다 훨씬 강하여 땅을 파고 곡식을 심는 데 유용하다. 땅을 깊게 파는 농사 기술, 심경법이 발달함에 따라 곡식의 생산량이 증대되었고 이는 급격한 인구 증가의 원인이 되었다. 인구의 증가는 새로운 경작지를 필요로 하고, 더 많은 땅의 확보가 필요했다. 더 많은 국민과 땅을 차지하기 위한 전쟁이 빈번해지기 시작하였다. 전쟁은 인간에게 참혹한 모습과 비극을 제공하지만 한편으로는 새로운 도구를 효율적으로 만들게 하고 활용을 촉진시킨다. 철을 다루는 기술이 칼과 창 등 전쟁 도구 생산에 활용되었다. 이런 시대적 상황이 중국 대륙 전체를 혼란과 변화의 시대로 이끌었다.

인구는 계속 늘었으며 사회와 군대의 규모는 더욱 커졌다. 참혹한 전쟁 속에서도 철기 보급 확장에 따라 농업 생산력은 증대된다. 생산의 증대는 잉여 물자에 대한 보관, 관리, 분배와 관련된 사회 체계를 급격하게 변화시킨다. 사회 규모의 확장에 따라 계급 구조도 비례하여 확장되었고, 전쟁 중 사람들의 이동은 상류층과 하류층의 뒤바뀜 또한 촉진하였다. 전쟁으로 국가를 떠나는 난민이 늘어날수록, 인접한 국가에서는 이들을 수용하고 받아들이는 과정과 절차가 필요하다. 어려운 시대일수록 지혜와 기술을 가진 인재가 더욱 쓸모가 있었고, 지략을 겸비한 학자와 장수는 국가의 힘을 증대하는 데 보탬이 된다. 공자 또한 이 시대에 제자들과 나라와 나라를 떠돌면서 자신의 역량을 펼칠 군주를 찾아다녔던 것으로 유명하다.

제후국의 왕들은 국가를 방어할 장수와 군인의 확보가 필수이고, 나라를 올바르게 이끌어줄 지혜를 지닌 인재가 필요했다. 나라의 정체성을 확보하고 지속성을 유지할 수 있는 사상이 필요한 시기였다. 이런 시대적 배경은 학자들에게 새로운 사상을 연구하게 만들었다. 많은 철학 사상가가 이 시대에 태어난 이유다.

주나라 시대의 황제는 하늘의 신, 천제(天帝)를 대신하여 나라를 다스렸다. 하지만, 주나라 말기 황제의 몰락을 지켜본 제후들은 더 이상 하늘의 신비로운 힘이 황제에 있다고 믿지 않았다. 신의 힘을 물려받은 황제는 허수아비로 전락했고, 철기로 무장한 제후들은 강해졌다. 제후들은 더 많은 땅을 차지하려고 인접 국가를 침략하는 과정에서 새로운 명분이 필요했다. 신의 힘을 대신할 사상이 그것이다. 공자는 인간 본연의 성질인 어짐(仁)을 강조하고, 그 바탕을 기반으로 사람들이 국가에 충성(義)해야 한다는 사상을 펼쳤다. 노자는 제후가 세상을 올바르게 바라보고 무위자연(無爲自然) 사상에 의거하여 나라를 다스려야 한다고 주장했다. 그 사상에 대한 기록이 도덕경(道德經)이다.

종이가 없던 고대에 문서는 상류 귀족 사회의 전유물이다. 경(經)이란 그 귀족 사회에서도 제후 또는 왕 이상의 신분을 가진 자들을 위한 책에 해당한다. 제후 또는 왕의 신분을 호칭할 때 다른 표현으로 성인(聖人)이라고 하였다. 물론 악행을 일삼는 제후와 왕을 성인이라 하고 싶지는 않았을 것이다. 하지만 선악의 기준이 모호하고, 선함과 악함의 구별보다도 제후, 왕의 권력이 막강한 시대였다. 제후와 왕의 언어, 명령 한마디가 법이었던 시절이다.

2. 노자 사상의 기초

  도덕경은 크게 도경(道經)과 덕경(德經)의 2권으로 분리된다. 도경이 37 개 장(1장~37장), 덕경이 44개 장(38장~81장)으로 이루어져 있다. 음양 사상에 따라 2개의 주제가 조화를 이루어 설명하는 형태이다. 보이는 것 (有)과 보이지 않는 것(無)의 작용과 조화를 기반으로 세상의 이치를 설명한다. 모든 것을 단순히 음과 양으로 나누어 이분법적인 형태로 세상을 바라보는 시각이 아니다. 음과 양의 작용에 따른 변화와 조화의 관점에 중점을 두고 이해해야 한다.

  도(道)는 사람의 머리(首)가 흔들거리며 가는 형태(之)를 그린 모습의 한자이다. 글자 그대로 이해해 보자. 사람이 세상을 살아가는 모습은 머리가 이끄는 삶이다. 머리가 이끌어 가지만 항상 바른 길을 따라 곧바로 갈 수는 없다. 이 방향에서 저 방향으로 방향을 바꿔 가며 앞으로 나아가는 것이 삶의 모습이다. 그런 삶의 모습을 부정할 필요도 없고 낙담할 필요도 없다. 그럴 수 있다는 것을 이해하고 살아가는 지혜가 필요하다.

  머리(首)는 이성과 감정, 그리고 기본적인 항상성을 유지해주는 기능으로 구분된다. 머리는 자율신경과 뇌에서 시작되는 명령을 전달하는 체계가 포함된 복합체이다. 자신의 삶이 이성에 지배되는 형태인지, 감성과 감정에 더 의존하는 형태인지, 동물적 본능 또는 고착화된 습관에 의지하는 삶인지는 스스로 생각하고 판단할 일이다. 어느 하나에 과다하게 의존하여 사는 모습은 균형 잡힌 삶과는 거리가 멀다. 한쪽으로 치우치지 않는 것을 중용(中庸)이라 한다. 글자로 해석하는 도(道)의 의미는 인간 자유의지에 의해 이런저런 방향으로 살아가되, 올바른 삶을 위해 중용을 지키는 모습이다.

도(道)는 길이다. 원칙이다. 우리가 살아가는 '올바른' 길이라는 의미이다. 길에는 큰길, 사잇길, 울퉁불퉁한 길, 갖은 위험이 도사리고 있는 험난한 길 등 여러 형태의 길이 존재할 수 있다. 우리는 살아가면서 평탄한 길만 갈 수 있는 것도 아니고, 항상 어둠이 가득한 길만 걸어가야 하는 것도 아니다. 어떤 길을 가고, 어떤 방향으로 갈 것인지는 나의 선택과 의지에 달려 있다. 그 선택한 길을 어떻게 바라보고 어떤 방식으로 갈 것인지 또한 자신에게 달려 있다.

인식의 시작과 원칙

도덕경 1장은 다음과 같은 구절로 시작한다.

道可道也, 非恒道也. 名可名也, 非恒名也
(도가도야 비항도야. 명가명야 비항명야)

도(道)는 가히 도(道)라는 것은 항상 같은 도(道)가 아니다.
이름(정체)은 가히 이름(정체)이라는 것은 항상 같은 이름(정체)이 아니다.

도덕경 중에서 가장 해석이 분분한 것이 바로 이 첫 구절이다. 왜 이 구절을 이렇게 기술하였을까? 왜 굳이 첫마디에 이런 표현을 사용했을까? 도덕경 81장의 첫머리에서 가장 먼저 하고 싶은 말이 무엇이었을까?

도덕경은 성인(聖人)을 위한 삶의 지침서이다. 즉, 왕을 위한 경전(經典)이다. 소설이나 수필, 평론, 논문, 시 등과는 다른 용도의 글이다. 글은 쓰임에 따라 시작하는 방식이 다르다. 독자를 이야기 속으로 유도하고 이야기를 통해 흥미와 재미를 유발하기 위한 글이 아니라는 점이 소설과의 차이점이다. 은근히 상황과 내용을 다른 방향으로 이끌고 반전을 일으키지 않는다. 사람들의 관계, 갈등을 복잡하게 얽히고설키게 하여 독자의 궁금함을 자극하는 글도 아니다. 도덕경은 성인(聖人), 즉 제후나 왕이 세상을 바라보는 법(法)을 설명한 글이다.

그래서 그 첫 구절에 세상을 바라보는 방법론과 관련한 첫 번째 원칙이 기술되어 있는 것이다. 올바른 길(道)이라는 것은 항상 동일하지 않다. 세월이 흐르면 올바른 길, 법칙은 계속 변한다. 한마디로 세상은 끝없이 변한다는 원칙이다. 영원히 고정되어 있는 것은 아무것도 없다. 가히(可)라는 글자는 가볍게 고대의 구어적인 덧붙임 표현으로 생각해도 좋으며, 시제의 의미를 더해서 시간의 진행을 나타내는 표현으로 이해해도 좋다.

명(名)이라는 단어는 명칭, 이름이라는 명사로 사용되거나 '명명하다' 또는 '이름 부르다'의 동사로 사용되기도 한다. '이름을 부른다'는 것은 두 가지 관점에서 바라볼 수 있다. 이름 부름은 인식의 시작이다. 생전 처음 보는 어떤 것을 마주했을 때를 생각해 보자. 무엇으로 인식해야 할지 고민하게 된다. 기존에 알고 있는 지식을 총동원해서 그것에 대해 분류하고 특정지으려 할 것이다. 사물에 대해서도, 식물 또는 동물에 대해서도, 그리고 사람에 대해서도 동일하다. 이름 부름은 그 대상을 나의 인식 구조와 연결하는 과정이다.

근세까지 철학에서 다루었던 사항도 인식의 과정과 존재의 실체에 대한 해답을 찾는 일이었다. 사물과 식물, 동물의 실체에 대한 정의 문제는 과학의 발달과 함께 자연스럽게 그 의문점들이 사라지고 있다. 하지만, 아직도 인간의 실체에 대한 문제는 계속 제기되고 있다. 특히 마음(영혼)이라고 부르는, 이성과 감정을 모두 포함한 영역에 대해서는 아직 많은 연구가 필요하다.

노자 도덕경에서는 이름 짓는 행위에 대해서 인식에 대한 정의로 접근하고 있다. 이름(名)은 정체성을 의미한다. 그것이 갖고 있는 모든 속성을 포함한 실체이다. 외부로 보이는 모습인 형태와 보이지 않는 내면의 속성도 포함한다. 우리가 인식하고 있는 모든 사물과 동식물, 그리고 인간을 포함한 생물은 시간의 흐름에 따라 정체성이 변한다. 즉, 시간의 흐름에 따라 변하지 않는 것은 없다는 세계관이다. 노자 철학의 우주관은 도(道)는 지속적으로 변하며, 정체성(名) 또한 변하지 않고 멈추어 있지 않는다는 것이 기본 원칙이다. 한마디로 모든 것은 변한다. 불가에서 이야기하는 모든 것은 변한다는 관점인 공(空)의 관념과 유사하다. 차이가 있다면 반야심경에서는 근원적인 법(法)은 변하지 않는다고 설명하는 점이다. 하지만, 반야심경과 도덕경에서 세상을 바라본 공통적인 큰 틀은 이 세상의 모든 것은 끊임없이 변한다는 사실이다.

다음은 1장의 두 번째, 세 번째, 네 번째 구절인 하나의 객체에 대한 설명이다.

無, 名萬物之始也. 有, 名萬物之母也

(무, 명만물지시야. 유, 명만물지모야)

故恒無, 欲以觀其妙. 恒有, 欲以觀其所徼

(고항무, 욕이관기묘. 항유, 욕이관기소요)

兩者同出, 異名同謂. 玄之又玄, 衆妙之門

(양자동출, 이명동위, 현지우현, 중묘지문)

'무(無)'라는 것은 만물의 시작으로 이름 부를 수 있다.

'유(有)'라는 것은 만물의 모체(근원)로 이름 부를 수 있다.

항상 '무'에 대해서는 그 미묘한 변화를 살펴보게 되고,

항상 '유'에 대해서는 그 형체가 이루는 모습을 보게 된다.

'무'와 '유'는 동시에 생겨나며, 이름은 다르나 같은 것을 가리킨다.

심오하고 또 심오하구나! 여러가지 오묘한 (무와 유 사이) 연결의 방법이여!

사물, 생명 등 한 존재의 시작은 존재하지 않는 무(無)의 상태에서 비롯된다. 그리고 그 하나의 존재가 인식되기 시작할 때부터 유(有)의 상태로 전환된다. 즉, 없는 상태를 수학적으로 표현하면 '0'이다. 0이라는 기호와 수학이 보편화된 현대에서 설명하면 지극히 당연한 내용이다. 아무것도 없는 상태는 0, 한 개의 존재가 있을 때는 1이다. 존재하지 않는 것(無)을 이름 지을 때, 즉, 인식할 수 있는 명칭으로 이름 부를 때에는 '시작'이라고 정의하고 있다. 자연을 이루는 이 세상 모든 것의 시작점은 존재하지 않는 상태, '0' = 없음(無)에서 시작한다.

그러면 존재하는 것에 대해 이름을 부를 때는 무엇을 기준으로 하는가? 이 세상 모든 것, 만물(萬物)의 이름은 그 모체(근원)를 기준으로 한

다. 돼지를 이름 부를 때 그 모체인 돼지를 기준으로 삼는다. 병아리를 이름 부를 때 당연히 닭을 기준으로 병아리라고 한다. 송아지를 이름 부를 때 돼지를 모체로 생각하지는 않는다. 호박 넝쿨에 핀 꽃을 보고 나팔꽃이라 이름 부르지 않는다. 나무로 지어진 집을 이름 부를 때 돌집이라 하지 않는다. 어떤 하나의 존재에 대해 이름 부를 때에는 그 근원(모체)이 되는 것을 기준으로 인식한다. 그 존재의 정체성을 인식하고 이름 부름(命名)의 과정을 설명하고 있다.

우리는 항상 보이지 않는 무(無)의 상태에서는 오묘한 변화를 살펴보려고 한다. 존재하는 유(有)의 상태에서는 그 보이는 모습을 기준으로 인식한다. 하나의 존재는 이미 시작됨을 내포하고 있다. 그리고 보이는 부분(有)과 보이지 않는 부분(無)을 동시에 지니고 있다. 하지만, 같은 존재라도 보이는 부분을 지칭하는 이름과 보이지 않는 부분을 지칭할 때는 다른 이름을 사용하게 된다. 항아리는 보이는 형체를 기준으로 항아리로 인식한다. 그러나 항아리 안에 내용물을 담을 때는 내용물의 양을 기준으로 1L, 2L, 3L 등 별도의 용량으로 지칭한다. 이와 같이 유(有)는 형체를 기준으로 이름 짓고, 무(無)는 쓰임과 용도에 따라 지칭하는 이름이 다르다. 무생물과 다르게 생물은 정체성이 스스로 변한다. 보이지 않는 작용과 힘에 의해 보이는 부분이 눈에 띄게 달라진다. 봄비와 따뜻한 햇살은 황량한 들판 전체를 순식간에 초록으로 바꾸어 놓는다. 그 들판을 뛰어 노는 아이들도 하루하루가 다르게 성장한다. 어제의 철수와 내일, 한 달, 일 년, 십 년 후의 철수는 다른 모습이다. 외형의 모습뿐만 아니라 마음의 영역에 존재하는 습관, 감정, 지식, 생각의 틀도 같이 변하고 성장한다. 같은 이름을 사용하여 부르지만, 그 정체성은 끊임없이 변하고 있다. 유형의 변화는 보이지 않는 무형의 성질을 바꾸고, 무형의 성질은 다시 유형의 모습에 영향을 준다. 모든 사물과 생물은 유형의 모습과 무형의 성질 사이에 여러 가지 연결되는 통로(衆妙之門)를 지니고 있으며 이런 작용의 결과로 생성되는 변화를 우리는 인식한다. 그러나 그 작용의 방법과 통로에 해당하는 변화 과정을 우리는 잘 알지 못한다. 과학이 발달하지 않았던 2,500년 전에는 심오하고 또 심오하다(玄之又玄)라는 감탄의 표현이 가장 적절하고 솔직한 설명이었을 것이다.

도덕경 1장에서는 노자가 세상을 바라보는 원칙을 첫 구절에서 기술하고, 이후 하나의 존재에 대해 설명하였다. 어떤 논리와 과학적인 법칙을 근거로 제시하더라도 1장의 철학적 대전제를 반박할 수 없을 만큼 정제되어 있다. 쉽게 풀어 보면 아주 단순한 명제이자 설명이다. 굳이 현학적 허세를 동원하여 서양 철학자의 논지와 주장을 불러와 장황하게 설명할 이유도 없다. 글자 그대로 해석하고 그 의미를 이해함이 바람직하다. 알고 있는 것에 대해서 명확히 정의하고, 알지 못하는 것에 대해서는 오묘하다 표현하여 세상의 원리를 다 알 수는 없다는 사실을 나타내고 있다.

1장에서 하나의 존재에 대해 정리를 하고, 2장에서 둘, 3장에서는 셋, 4장에서는 넷, 5장에서는 다섯이 이루는 모습에 대해 설명한다. 6장에서는 하나가 더 추가되는 모습 즉, 여섯이 이루어지는 모습에 대한 주제이다. 그리고 7장은 모든 것을 포함하는 하늘과 땅에 대해 언급한다. 인식의 순차적 확장 과정이다. 물리나 수학적 관점의 설명은 아니다. 세상을 바라보는 시각의 관점에서 가장 중요한 요소에 대해 객체를 늘려 가며 설명하고 있다.

노자의 사상을 이해하기 위한 좋은 도구가 있다. 상상법이다. 내가 알고 있는 것을 모두 뇌리에서 지운 후에, 도덕경 1장부터 하나씩 문자가 이끄는 대로 이해하고 명상을 통해서 생각하고 분석하는 방법이다. 그 상상력을 도덕경 해석에 활용해 보자.

선택이라는 것의 의미

도덕경 2장에서는 둘의 속성에 대해 이야기하고 있다. 둘이 존재하면서 생겨나는 것이 있다. 크고 작은 것, 높고 낮은 것 등 차이가 발생하게 된다. 사람들은 하나만 있을 때와는 달리 더 좋은 것과 덜 좋은 것으로 구분하기 시작한다. 좋고 나쁨이 발생한다. 좋고 나쁨은 다분히 주관적이다. 상황에 따라 작은 것이, 나쁘다고 여겨지는 것이 오히려 더 쓸모 있을 때도 많다. 자신이 바라보는 관점에서 분류하고 구별하기 때문이다. 그 관점의 기준으로 아름다움과 추함, 선과 악에 대한 구분이 발생한다.

두 개가 존재하기 때문에 마음속에서 두 갈래 길이 만들어지게 된다. 둘이 존재하면서 생겨나는 속성이다. 두 갈래 길이 만들어지면서 선택이 발생하고 그 과정에서 선과 악, 좋은 것과 나쁜 것이 구분되기 시작한다. 비교와 차이에 대한 선택에서 일어나는 삶의 괴로움이 시작된다. 마음의 괴로움은 주로 이분법적 사고가 지닌 틀의 한계에 그 원인이 있다.

이를 다스리기 위한 교훈으로 제시된 단어가 상생(相生)이다. 다른 것을 같다고 할 수는 없다. 적절하지 않은 것을 좋다고 할 수도 없다. 다만 그런 것도 상황에 따라서는 유용하고 서로 어우러져 전체를 이룬다는 점을 이해해야 한다. 눈에 보이는 기준으로 악하고 추한 것을 판단하여 나쁘게만 볼 것은 아니다.

욕심이 생겨나는 이유

도덕경 3장은 셋이 존재하는 상황에서의 교훈이다. 세 개의 존재 사이에는 둘 사이에 없는 위상이 만들어진다. 순서와 계급이 이에 해당한다. 두 개만 존재하는 공간에서는 위상이 없다. 두 개를 비교할 때에 길고 짧음은 존재할 수 있어도, 나보다 위에 두거나 아래에 둘 수 없다. 그러나 셋이 되면서 중간점이 만들어질 수 있다. 중간점이 만들어지면서 계층 간의 구별과 위상에 따른 이동이 존재하게 된다. 사회적으로 위상에 따른 갈등과 경쟁이 발생한다. 타인의 위상과 지위에 대해 욕심이 생겨나게 된다. 단순한 비교의 상황을 넘어 위상을 기반으로 한 비교가 발생한다. 계층을 단계로 나누는 계급 구조가 발생하며, 축적의 양을 기준으로 계층이 분류되고 인간의 탐욕이 더욱 증가한다.

도덕경 3장에서는 현명한 사람을 구하여 받들어 모시지 말고, 귀한 재물을 구하는 모습을 보이지 않도록 주문하고 있다. 그러한 모습을 보이는 것은 위상에 따른 경쟁으로 사람들을 이끄는 길이며 도적질을 하도록 서민들을 부추기는 일이다. 성인이 욕심을 보이지 않음으로써 서민들의 마음을 어지럽히지 않을 수 있다.

성인(聖人)은 자신의 마음을 비우고, 서민들의 배를 채우며, 자신의 사심을 채우는 의지를 약하게 함으로써, 서민들의 등골이 휘지 않도록 할 수 있다. 그렇게 함으로써 서민들이 지식에 연연하지 않게(無知) 만들고,

욕구에 휘둘리지 않도록(無慾) 할 수 있다. 노자 사상에 대한 오해를 불러일으키는 원인 중의 하나는 사람들이 한자 해석을 전혀 엉뚱한 방향으로 이끌기 때문이다. 대표적인 표현이 '항 사민 무지 무욕(恒 使民 無知無欲)'이란 구절이다. 무지(無知)라는 것을 현대에서 주로 사용하는 무지한 사람, 무식한 놈의 의미로 오해함이다. 무(無)의 뜻이 '연연하지 않는다'는 의미로 사용됨을 안다면 쉽게 이해할 수 있는 구절이다. 엉뚱하게 해석하여 서민을 무식하게 만들라는 어처구니없는 논리는 도덕경의 참뜻을 저하시키는 행위이다.

'무(無)' 글자 쓰임의 사례를 들어 보자. 태조 이성계가 조선을 세울 때 한양을 도읍으로 지정하도록 이끈 스님이 무학대사(無學大師)이다. 학식과 배움이 없다는 의미는 '큰스님'과 전혀 어울리지 않는다. 배움에 연연하지 않는 큰스님이란 의미이다. 간혹 더는 배울 것이 없는, 학식이 높은 스님으로 오해하는 경우도 있다. 아무리 학식이 높다 하더라도 더이상 배울 것이 없는 사람은 없다. 그것은 대단한 자만이다. 그런 자만을 칭송하여 큰스님 이름으로 명명하는 것 또한 그분의 수행을 폄하하는 일이다. 반야심경의 충분조건에서 설명하였듯이 높은 수행을 이루면 '무지 역무득 이무소득(無智 亦無得 以無所得)'이다. '지식에 연연하지 않고, 얻음에 연연하지 않으므로, 더 이상 얻을 바가 없다'라는 의미이다.

둘이 존재하기 때문에 비교의 오류가 발생하기 시작하고, 셋이 존재함으로써 순서와 계층의 위상에 따른 욕심이 발생한다. 인간이 홀로 존재하고, 인간 사이의 관계가 없는 독립적인 존재라면 위와 같은 일은 발생하지 않는다. 그러나 인간은 관계를 기초로 어우러져 살아가는 존재이므로 당연히 차이도 발생하고 욕심도 생겨나게 된다. 어찌 보면 욕심또한 자연스러운 일이다. 욕심이 발생함을 이해하고 인식할 때 그것이 과다해지는 것을 다스릴 수 있게 된다.

인간 세계의 기본 요소

도덕경 4장은 인간이 살아가는 세계의 기본 요소 네 가지에 대해 언급하고 있다. 인간에게 빛과 에너지를 주는 존재(해)와 살아가는 기반을 주는 땅(지구), 그리고 그 사이의 비어 있는 공간(沖)과 도(道)의 역할에 대해 이야기하고 있다. 1~3장까지 하나, 둘, 셋의 존재가 이루는 모습에 대해 설명하고 있다면, 4장에서는 인간 삶의 필수 요소에 대한 설명이다.

태양은 인간에게 빛과 에너지를 준다. 그러나 너무 강한 햇빛은 오히려 사람들에게 해를 입히고 삶을 어렵게 만든다. 대지는 만물을 키워내는 양분을 제공한다. 모래와 같이 흩어지는 분열된 땅은 아무것도 키워내지 못한다. 지구를 제외한 태양계의 나머지 행성들을 생각해 보자. 해가 존재하더라도 땅이 있더라도 생물이 살아갈 수 없다. 그 중간에 비어 있는 공간에서 일어나는 적절한 작용(道)이 필요하다. 그 중간에 비어 있는 공간을 충(沖)이라 표현하였다. 대단히 멋진 표현이고 정확한 글자이다. 통상 비어 있는 부분에 대해 공간, 공기 등의 표현을 사용한다.

공기나 대기의 구성에 대한 이해가 없던 고대의 동서양 모든 사람들에게 중간 부분(대기)은 대개 바람으로 인식되었다. 노자 철학에서는 그 중간 부분을 공(호)이나 바람, 무(無) 등이 아닌 충(沖)이라는 표현으로 설명하고 있다. 해와 지구 사이의 비어 있는 공간이라는 의미로 중(中)자에 대기가 습기를 머금은 상태를 이해하고 물수변(氵)을 붙인 글자, 충

(沖)이다. 충(沖)에 대해서 '쓰임이 무한하고, 모습은 깊고 깊으며, 모든 만물이 그 영향을 받으며 살아간다'고 설명한다. 충(沖)의 역할에 대해서는 다음과 같이 기술하고 있다.

銼其銳, 解其紛, 和其光, 同其塵

(좌기예, 해기분, 화기광, 동기진)

예리함을 완화시키고, 분열을 해소하여,

그 빛을 조화롭게 만들고, 티끌을 모아 하나로 뭉치게 한다.

충(沖)은 해의 강렬함을 완화시키고 땅의 분열을 결집하는 역할을 한다. 해의 강렬함을 완화시켜 조화롭게 만들어주지 않는다면 모든 생명체는 햇빛에 타들어 가 죽는다. 고대부터 황제는 신의 명령을 받아 인간을 다스리는 사람이라는 인식이 지배적이었다. 강렬한 태양과 같은 존재로 추대되었다. 황제의 언어와 명령이 과다하면 서민들의 삶이 그 강렬함에 타들어 가게 된다. 대지에 비가 내리지 않는다면 땅이 사막처럼 변한다. 땅의 결집력은 사라지고 분열되는 모습이다. 작은 진흙과 티끌 알갱이 하나하나가 서로 뭉쳐서 생명력을 발휘한다. 예부터 티끌은 서민을 의미하였다. 티끌과 같은 서민들이 모여서 응집을 이루고 나라가 세워진다. 통치자의 정치가 올바르지 못하면 서민들은 분열되고, 나라가 어지럽게 된다는 의미를 설명하고 있다.

세상은 충(沖)의 작용(道)에 의해 무한한 변화가 만들어진다. 습기(水)를 머금고 있는 빈 공간의 작용에 의해서 사람들의 살아가는 모습이 변한다. 도덕경은 자연의 모습을 바라보고 사상을 이끌어 냈다. 대기의 모습을 물이 포함된 공간으로 이해하고 대기의 작용에 의해 인류가 살아간다고 인식하고 있다.

가끔 '和光同塵'을 멋있게 붓글씨로 써서 액자에 걸어 두는 사람을 보곤 한다. 자신이 충(沖)과 같은 역할(道)을 수행하겠다는 의지이다. 조화를 이루고 분열을 해소하여 사람들을 잘 살 수 있도록 이끌겠다는 마음가짐이다. 참으로 대담하고 멋진 기상이다.

도덕경 4장 마지막 구절에서는 도(道)가 천제(天帝)보다 앞선 존재라고 말하고 있다. 신에 대한 도전이다. 하늘과 태양을 경외하는 두려움과 그 기반으로 최고의 권력과 힘을 누리던 황제에 대한 관념을 뒤집는 발언이다. 황제가 천하를 지배하던 계급 사회에서 상당히 위험한 발언이다. 그 당시 황제의 존재와 권력을 부정하는 것은 죽음을 무릅쓴 일이다. 노자가 속세를 떠난 생활을 택한 이유이다. 노자의 실체가 불명확해진 이유이기도 하다. 현대에도 집단 내에서 최고 권력자에 대해 부정하는 언어는 위험한 일이다. 하물며, 고대에는 어떠했겠는가?

하지만, 춘추전국시대에는 황제의 위상이 허수아비처럼 전락했다. 제후와 왕들이 힘을 얻고 전쟁이 잦았다. 세상은 분열되고 어지러워졌다. 인간 사회 및 국가를 구성하는 힘의 원천은 천제(天帝)의 힘을 물려받은 황제로부터 발생함이 아님을 깨닫기 시작한다. 노자 사상은 스스로 그렇게 만드는 힘(自然), 즉, 도(道)에 의해 세상이 이루어진다고 설명한다. 두려움을 바탕으로 생성되는 헛된 믿음을 경계하고 있다.

우리는 지구과학을 통해 대기는 습기를 항상 머금고 있으며, 대기 속에서 물이 순환되고, 태양의 강렬한 빛이 대기를 통해 누그러지며, 자외선, 전자파, 우주선 등이 대기를 통과하는 동안 차단되어 인간이 살아갈 수 있는 환경이 이루어진다는 사실을 알고 있다. 그러나 그 인식이 부족하게 되면 공해 물질의 무분별한 배출을 초래한다. 오존층은 파괴되고, 지구의 온도는 상승하며, 자연 환경은 죽어가고 있다. 자본과 물질을 숭상하는 자들이 빚어낸 폐해이다.

화성의 토양은 레골리스라 불리는 죽은 토양이다. 수억 년간 물과의 작용이 없었던 푸석푸석한 사막 같은 토양이다. 우리가 흙이라 부르는 것은 효모, 조류, 원생동물, 선충, 곰팡이, 박테리아 등의 수많은 생명체가 결합된 토양과 유기물의 총체적인 이름이다. 흙 한 숟가락 안에는 70억 개 이상의 생명체가 존재한다. 이런 생명체들은 총 토양 질량의 1%도 안 되지만, 이 생명체의 작용으로 흙은 살아 있다. 사막화 토양의 색과는 전혀 다른, 비옥한 짙은 색을 지닌 모습이 된다.

흙은 생명체가 살아갈 수 있는 기반이 된다. 화성의 죽은 토양과는 질적으로 다르다. 생명의 종합체인 흙은 수백만 년, 수천만 년간 자연의 힘에 의해 조금씩 만들어진다. 인간이 화성으로 이주한다 할지라도 이런 마이크로 생태계가 포함된 흙을 만들어 낼 수 있는 능력이 현재는 없다. 이주를 꿈꾸는 환상은 마이크로 단위에서부터 전체 대기를 순환시키는 거대 매크로 규모까지 제어할 수 있는 능력을 갖출 때에야 비로소 현실이 된다. 이미 그런 능력을 갖추었다는 것은 그 능력을 활용하여 지구를 깨끗이 자정하고 인류가 평화롭게 살 수 있음을 의미한다. 우리가 충(沖)의 작용을 다 알기에는 아직 많은 시간이 필요할 듯하다.

우리는 흙의 생태계를 농약 한 방울로 깡그리 죽이고 있다. 그로 인해서 땅을 사막화시키고 그 사막화된 토양은 미세먼지와 섞여 대기오염을 가중시킨다. 그 결과 오염으로 인한 대기의 순환 과정에서 많은 부작용이 일어난다. 지구온난화와 환경 파괴이다.

자본을 중시하는 사상에서 촉발된 산업의 발달과 물질 문명이 인류의 삶을 다시 옥죄고 있다. 이 얼마나 어리석은 일인가! 물질 중시 사상보다 먼저 이해해야 할 것이 있다. 우리가 살고 있는 이 세상을 어떻게 바라볼 것인가에 대한 질문이다. 노자의 자연 사상은 이에 대한 해법을 제시하고 있다. 우리가 노자 사상을 다시 되돌아봐야 하는 이유이기도 하다.

복잡한 관계 속에서 삶에 대한 자세

도덕경 5장에서는 '인간이 살아가는 데 가장 중요한 점이 무엇인가?'에 대해서 이야기하고 있다. 세상을 '하늘과 땅', '그 속에 있는 만물', '성인(지배계급)', '백성(중간계급)', '서민'의 5가지로 나누어 바라보고 있다. 사회가 계층을 이루는 구조를 바라보고, 그 삶 속에서 가장 중요한 의미를 살펴보고자 함이다.

> 天地不仁, 以萬物爲芻狗. 聖人不仁, 以百姓爲芻狗
>
> (천지불인, 이만물위추구. 성인불인, 이백성위추구)
>
> 天地之間, 其猶槖籥與. 虛而不屈, 動而愈出
>
> (천지지간, 기유탁약여. 허이불굴, 동이유출)
>
> **多聞數窮, 不若守於中**
>
> (다문삭궁, 불약수어중)

천지는 어질지 않아서, 만물을 짚강아지처럼 처리한다.

성인도 어질지 않아서, 백성을 짚강아지처럼 처리한다.

하늘과 땅 사이는, 그 모습이 풀무와 같다.

그 안이 비어 있지만 오그라들어 있지 않고,

움직일수록 점점 더 많이 (공기가) 나온다.

(빨리 해라, 어떻게 해라 등 말을) 많이 들을수록 바삐 서두르게 되고,

(힘이 빠져) 중단하게 된다.

(내 마음의) 중심을 지키고 (나의 의지로 풀무질을) 수행하는 것만 못하다.

인간에게 가장 중요한 것은 자유의지에 의한 삶이다. 하늘과 땅은 그 안에 존재하는 모든 만물에 대해 자연의 법칙이 이끄는 방식대로 처리한다. 성인(聖人)도 대자연처럼 중간 계급인 백성을 무심하게 대해야 한다. 하늘과 땅의 이치는 어질지 않다고 했다. '어질다(仁)'라는 것은 인간에게만 있는 속성이다. 사람의 마음으로부터 발생한다. 인간의 마음은 이성과 감정에 의해 지배되지만, 이성은 올바로 세상을 바라볼 수 없는 경우가 많고, 감정은 제멋대로인 경우가 대부분이다. 그런 마음에서 나오는 인(仁)이라는 것을 어찌 믿고 사람들을 다스리는 데 사용할 수 있겠는가? 자연의 법칙은 인(仁)을 따르지 않는다. 그래서 마치 지푸라기로 만든 강아지처럼, 헌신짝처럼 다루는 것으로 오해할 수 있으나 제멋대로인 인간의 법칙과는 비교할 수 없는 자연스러운 방법이다. 자연의 법칙은 본연의 쓰임과 용도를 다하면 그 본연으로 돌려보낸다.

고대 사람들에게는 하늘과 땅의 신(神)이 최고의 권위를 가진 존재이다. 그 신의 명령에 의해 세상이 움직인다고 생각했었다. 그런 하늘과 땅의 신이 자연에 명령을 내리는 방식을 따라야 한다는 의미이다. 춘추

전국시대의 황제는 더 이상 하늘의 뜻을 집행하는 통지자가 아니었다. 다스리는 자 또한 인간에 불과하다는 사실을 인식함이다.

2,500년 전에는 모든 사람마다 이름을 짓지 않았다. 사람들은 마을 단위로 씨족, 부족 형태로 모여 살았고, 그 마을 우두머리, 즉 지방 관리의 역할을 하는 사람에게 왕이 성씨를 부여하였다. 그래서 온갖 성씨를 백성이라 통칭한다. 현재의 중간 계급에 해당한다. 백성이 관리하던 사람들이 서민이다. 도덕경 5장에서는 서민을 명시적으로 기재하지 않았지만 백성의 지시를 받아 실질적인 일을 수행하는 사람으로 등장한다.

하늘과 땅 사이의 모습을 풀무에 비교하고 있다. 풀무의 빈 공간처럼 하늘과 땅의 중간에 대기(冲)라는 공간이 있으며 쭈그러들어 있지 않은 상태이다. 풀무의 손잡이를 잡고 움직이면 공기주머니 안에 있던 공기들이 밖으로 나오게 된다. 이를 활용하여 산소를 다량으로 불에 주입하여 불의 온도를 높이고 철을 녹여 가공했다.

왜 인간이 살아가는 세상을 설명하면서 풀무라는 것을 언급하고 있을까? 풀무는 당시 인간이 지니고 있는 첨단 기술에 해당힌다. 풀무라는 도구를 통해서 대량의 철을 녹이고 다루는 것이 가능해졌다. 철제 도구의 대량 생산을 통해서 본격적인 철기 시대에 진입하였고, 철제 도구와 무기를 대량으로 생산할 수 있는 능력은 국가의 힘을 의미했다. 현대의 과학, 경제 및 국방력의 바탕을 제공하는 기술에 해당한다. 첨단 기술을 활용하는 과정에서 통치자(聖人)와 중간 계층(百姓), 그리고 노동자(民)의 관계를 묘사하고 있다. 통치자의 요구에 따라 중간 계층은 노동자에게 더 많은 생산을 재촉하는 말을 하지만, 노동자는 지시를 많이 들으면 들을수록 스스로 의지에 의한 일의 완급 조절 능력을 잃는다. 일하는 사람 스스로 중심을 잡고 일을 하는 것만 못하다.

더 많은 도구와 무기를 생산하여 국가를 강성하게 만들기 위한 마음이 가득한 통치자와 중간 계층과의 관계, 그런 상황에서 중간 계층과 일을 수행하는 노동자와의 관계에서 발생하는 모습은 사회를 이루는 계층 간 관계의 일면을 반영한다. 이런 구조적 측면을 바라보고, 계층 간 원활히 관계를 맺고, 조직을 다스리는 어떤 방법을 택할 것인지에 대해서는 현대에서도 지속 연구의 대상이다.

노자가 제시하는 최선의 방법은 성인(聖人)이 어설픈 인간적인 마음, 인(仁)을 활용하여 하위 계층을 다스리지 않는 일이다. 도덕경 2장, 3장 관련 살펴본 바와 같이 상생하는 마음과 사심과 욕심을 버림이 필요하다.

시대와 상황에 따라 사회를 이루는 방법에는 여러 가지 길이 존재했다. 하지만, 어떤 경우에서도 그 형태를 결정하고 좌지우지하는 것은 힘과 권력을 가진 사람들이다. 하위 계층 사람들이 결정권을 가진 사회는 역사적으로 없었다. 현대에는 계층 구조와 계층 간 이동이 유연해졌지만 계층을 이룬 후 관계의 본질은 다르지 않다.

4차 산업혁명이라는 커다란 변혁이 시작되는 시점에 우리의 사회가 계층 간 관계에서 발생하는 갈등과 스트레스에 얼마나 유연하게 대처하는지 살펴볼 필요가 있다. 과학, 기술적인 측면이 아닌, 사회적인 측면이 과거보다 좋아졌다고 과감히 얘기할 수 있는가? 도덕경 5장을 읽으면서 교훈으로 얻어야 할 사항이다.

인류는 지속 번영한다

6장, 7장에서는 새 생명의 탄생을 통한 인류의 번영과 대자연은 장구히 지속될 것이라는 세계관을 표명하고 있다.

우리는 어떤 방향으로 인류를 발전시키고 있는가? 우리의 미래는 어떻게 될 것인가? 인류의 시작과 함께 먼 미래인 끝에 대해 어떤 모습을 상상하는지, 어떤 세계관을 갖고 살아가는지에 따라 사회가 향하는 방향은 달라진다. 중요한 것은 빠른 기술과 사회 변화가 아니라 우리의 미래를 이끌어 가는 방향이다. 마치 빨리 달리는 것보다 어느 방향으로 향할지 알고 꾸준히 나아가는 것이 더 바람직한 것과 동일하다.

노자는 태어남과 죽음에 대해 자연의 모습 그대로 사상을 전개하고 있다. 물이 흐르고 식량을 생산할 수 있는 곡(谷)에서 인류는 지속될 것이다. 새 생명을 낳는 신비로운 여성의 힘에 의해 지속적으로 번영할 것이라고 설명한다.

인류는 환경 파괴, 자원 부족과 낭비, 계층과 사회 간 갈등의 심화 등 커다란 문제들에 당면해 있다. 이에 대한 국소적 해결책을 연구하기에 앞서 우리가 어떤 세계관을 품고 있는가를 살펴보는 것이 더 바람직하다. 올바르지 못한 방향의 세계관은 복잡하게 꼬여 있는 문제의 실마리를 찾는 과정에서 사심과 오류를 드러내기 때문이다.

엘론 머스크는 기술 혁신 기반으로 인류를 화성으로 이주시킬 원대한 꿈을 짜고, 그 계획을 장밋빛으로 선전하고 있다. 많은 사람들이 그 원대한 꿈에 동조하고, 참여한다. 그러나 마음속 깊은 곳에는 이를 활용하여 개인의 이익을 취하고자 하는 사심이 없다고 할 수 있는가?

특정 소수만 오염되지 않은 안전한 행성으로 보낸다는 계획은 '선택받은 사람' 문제가 제기된다. 역사적으로 선택을 받은 사람은 안전하고, 미래에도 잘 살 수 있는 권리를 갖게 된다는 믿음으로 교묘히 포장된 사심에 의해 얼마나 많은 인류가 고통을 받았는가? 그 선민사상의 대표적인 오류는 히틀러와 그 추종자들이 빚어낸 민족주의이다. 선택된 인종만 그 삶에 가치가 있고, 나머지는 제거와 굴복의 대상으로 만들어버렸다. 누가 감히 대다수의 인간을 오염된 행성에 남기고, 소수만 선택할 권한을 가질 수 있는가? 미래에 대한 불안을 기반으로 사람들의 심리를 부추기고 충동하면 할수록 그 선도자는 더 큰 힘을 얻게 된다.

강남대로에서 지옥을 거들먹거리며 신의 심판이 다가옴을 외치는 사람, 새천년이 시작되기 전 1999년 12월 말, 그리고 노스트라다무스가 지구의 멸망을 예언한 2012년, 얼마나 많은 사람들이 허황된 믿음에 빠져 우스꽝스러운 모습을 보였는지 우리는 경험으로 알고 있다.

사람의 기억은 오랫동안 또렷하게 남지 않는다. 시간이 조금 지나면 잊혀진다. 그리고 미래의 모습을 아름답게 포장하는 경향이 있다. 엘론 머스크의 전기차 사업은 자본 시장의 환상적인 포장 기술을 여실히 보여주었다. 실물의 생산보다 미래 가치를 기준으로 삼는 숫자가 더 영향력이 있는 시장이다. 금융 시장은 더 빠른 사람과 많이 가진 사람들에게 더 많은 것을 배분하는 방식을 가속화시키고 있다. 사회, 계층 간 불평등을 가중시키는 방향이다. 세계에서 가장 뛰어난 인재들은 월가를 비롯한 금융 시장으로 고액의 연봉을 받고 빨려들어가고 있으며, 그 천재들에 의해 현대의 자본 시장은 소수의 사람들을 배불리는 도구로 변해 가고 있다.

그 자본과 시장의 혜택을 입은 소수의 사람들은 원대한 꿈을 멋지게 포장하며 대중을 부추기고 있다. 지구가 쓰레기와 공해로 가득 찰 것이라는 두려움을 심어주고, 새로운 땅(화성)으로 이주한 소수의 사람들을 통해 인류가 생존할 것이라는 흐릿한 꿈이다. 그 꿈의 이면에는 소수의 사람들 중에 내가 포함될 수 있으리라는 막연한 기대를 부추김이 존재한다. 그 꿈을 이루기 위한 과정에서 새로운 기술의 혁신이 이루어지고 시장에서 크게 인정받을 수 있다는 부수적인 기대감도 포함된다. 시장의 인정을 통해 돈을 벌고자 하는 사람들이 모여들면 모여들수록 자본의 쏠림과 왜곡은 더욱 커진다. 화성 이주의 원대한 꿈에 더욱 빠르게 다가설 수 있다는 장밋빛 포장 이면에는 지구와 자연, 그리고 이웃을 바라보는 마음보다 세상 사람들 각자의 욕심이 그득하다. 실질적인 생산 활동이 거의 없는 특정 기업의 미래를 바라보고 돈이 과도하게 몰리는 현상과 이런 자본 쏠림으로 인해 불로소득 추구에 열광하는 모습을 통해 자본주의 시장 기능이 자연스러움을 잃고 있음을 알 수 있다. 어찌 보면, 욕심이란 것이 자본주의 시장의 탐욕을 먹이 삼아 거대하게 살찌고 부풀어오르는 양상이다.

인간은 지구가 마련해주는 대기를 떠나면 한 달만 지니도 몸속의 세포 구조가 변하기 시작한다. 우주선의 영향으로 세포가 암세포로 변이되는 현상이 일어나기 시작한다. 그래서 오늘날에는 우주 비행사의 우주정거장 체류 기간을 한정하고 있다. 그리고 귀환한 우주비행사들에 대해서 지속적으로 생체 상태를 점검한다. 이미 널리 알려진 사실이다. 우리는 우리 스스로를 바라보는 것에 대해 잊을 때가 많다. 이성이 방향을 잃고 흐릿한 믿음이 우리를 이끌 때 더욱 그렇다.

이성의 눈을 뜨고 우선 살펴볼 사항은 우리가 가진 자원의 배분과 활용에 대한 일이다. 도피와 포기 전략을 선택함으로써 더 많은 인류를 구하는 방법에 많은 재화 및 자원을 활용하지 못하게 된다. 소수를 위한 우주여행의 꿈을 실현하는 노력에 사용하게 된다. 과장된 믿음이 주는 이끌림에 의해 전체 인류를 바라볼 마음의 여유를 잃게 된다. 중세 이전에 강력한 믿음으로 무장한 사제 계급에 의해 인류가 천 년간이나 암울한 시대를 보낸 사실은 굳이 언급할 필요도 없다. 올바른 세계관이 필요한 이유이다.

도덕경 7장은 사심이 없어야 한다는 평이한 교훈을 설명하려는 좁은 의도가 아니다. 세계를 바라보는 가치관을 전달하고 있다. 인류가 살고 있는 지구라는 세계를 긍정적이고 올바른 방향으로 바라봄으로써 밝은 방향으로 인류의 미래를 이끌고자 함이다. 사심을 버리고, 있는 그대로 자연스럽게 바라보며 그 속에서 공존하고 상생하며 살아가는 방향이다.

도덕경 1~7장을 단순히 한시(漢詩) 읽듯이 한자 해석에 치중하여 읽는 것은 큰 의미가 없다. 시대적 배경을 이해하고, 노자가 인간의 삶에 대해서 고민한 부분이 무엇인지 그리고, 그것을 어떻게 바라보고 접근해야 하는지를 이해하며 읽어야 한다. 그 사상이 전달해주는 세계관을 통해 어떤 교훈을 얻을 수 있는가 살펴야 한다. 그럼으로써 우리가 마주하고 있는 커다란 문제들의 해결 방법을 찾는 데 활용할 수 있다.

3. 가장 선한 사람은 물과 같다

상선약수(上善若水)

도덕경 8장은 하늘과 땅 사이에 가장 많고, 모든 생명의 기초가 되는 물에 대한 이야기이다.

上善若水. 水善利萬物 而不爭
(상선약수. 수선이만물 이부쟁)

가장 선한 사람은 물과 같다.
물은 만물을 이롭게 하고 다투지 않는다.

도덕경 8장은 위와 같은 구절로 시작하며 물이 가진 속성을 7가지로 분류하여 교훈을 전달하고 있다. 7가지 속성을 간략히 요약하면 다음과 같다.

○ 거선지(居善地)
  - 물은 스스로 낮은 곳으로 흐른다. 어떤 형태에도 담긴다.

○ 심선연(心善淵)

- 마음은 (나에게 오는 모든 것을 받아주는) 호수처럼 넓고 깊다.

○ 여선인(與善仁)

- 다른 사람을 대할 때는 (자신과 동일하게) 어질게 대한다.

○ 언선신(言善信)

- 언어는 (물처럼 투명하게) 신뢰할 수 있다.

○ 정선치(政善治)

- (넘치거나, 무질서하지 않도록) 바르게 다스린다.

○ 사선능(事善能)

- 일을 할 때는 (함께 화합하여) 능히 무엇이든 이룬다.

○ 동선시(動善時)

- 시간(시기)에 맞추어 행동한다.

물(H_2O)은 수소 2개와 산소 1개로 결합을 이룬 분자이다. 수소가 우주에서 가장 많은 원소임을 감안할 때, 물 또한 수소 다음으로 풍부한 원소로 추정하고 있다. 지구는 표면의 70% 이상이 물로 뒤덮여 있다. 지구 환경은 물에 의해 좌우된다. 모든 생명체는 물에 의존하고 물을 활용하여 살아간다. 물은 생명 활동의 근원이다.

물에 대한 물리적, 화학적 지식이 없었던 2,500년 전에 노자는 인간이 가장 본받아야 할 것을 물로 인식하였다. 그리고 물의 속성을 7가지로 나누어 의미를 부여했다. 7개의 속성 관련, 7이라는 숫자가 주는 의미는 신기하기만 하다. 물의 속성 7개를 먼저 이해하고 인간이 본받아야 할 것으로 정의한 것인지, 인간에 대해 먼저 분석하여 7가지의 속성으로 분류한 후 물의 속성과 관계를 맺어 정리한 것인지는 알 수 없다. 교훈을 배우는 입장에서 어느 것이 먼저라도 상관이 없다. 우선순위를 찾는 것은 마치 닭이 먼저인지, 달걀이 먼저인지 논하는 것과 유사한 일이다.

물 분자의 수소 2개와 산소 1개가 동일한 형태로 결합된다면 정삼각형을 이루어 120°의 각도를 이루겠지만 물 분자는 104.45°로 결합되어 있다. 산소가 수소보다 훨씬 크기 때문에 그림으로 그리면 동그란 곰 얼굴에 아주 조그마한 귀를 그린 모습 정도일 것이다. 물 분자는 특별한 성질을 지니고 있다. 물은 기체가 되는 끓는점이 100℃로 액체 가운데 두 번째로 높다. 생물의 피를 구성하여 순환 작용을 이룰 때 유리하다. 끓는점이 50℃로 낮았다면 사우나 같은 것은 만들어지지 못했을 것이다. 그리고 50℃에 이르는 뜨거운 아프리카 사막과 같은 지대에는 사람이 근접하지 못했을 것이다. 비중과 밀도가 4℃에서 가장 높기 때문에 한겨울에도 호수, 바다의 상층부만 얼고 전체가 얼지 않도록 얼음으로 방어층을 형성한다. 아래부터 얼기 시작했다면 생물은 물속에서 살지 못했을 것이다. 물은 모든 물질과 잘 결합되고, 화합하는 성질을 지니고 있다. 물은 투명한 무색이며, 냄새도 없고, 맛도 없다. 물은 스스로 형체를 지니고 있지 않으며, 항상 소리 없이 위에서 아래로 흐른다. 깨끗한 물은 끈적거림이 없으며 손의 감각으로 형체를 느낄 수 없다. 사람의 오감(五感)으로 인지할 때 0(空)의 성질에 가장 가까이 수렴하는 존재이다. 인간에게 0(空)과 같이 다가오는 존재이지만, 인간의 구성(色)과 활동(行)에 가장 필수적인 존재이기도 하다. 아주 엄밀히 따져 보면 인간의 감정(受), 생각(相), 지식(識), 행동(行) 또한 물을 통해 조절된다. 뇌에서 전달되는 호르몬과 전기적 신호 또한 물을 통해 전달되기 때문에 인간의 모든 활동은 물의 작용을 근간으로 이루어진다고 볼 수 있다.

노자는 물의 속성을 활용하여 인간의 속성을 구분하는 방법론으로 활용하였다. 인간의 속성을 7가지로 나누어 물의 7개 속성과 연관 지었다.

각 속성의 계층은 독립적인 성질을 지니지만 그 다음 계층과 밀접한 연관을 맺고 영향을 준다. 가장 기본이 되는 계층부터 7계층까지 각각의 영역을 나누어 속성을 이해할 수 있는 이점이 존재한다. 마치 현대에서 컴퓨터 네트워크 시스템의 계층을 7개(Open System Interconnection 7 Layer)의 영역으로 나누고 속성을 분류하는 모습과 유사하다. 그 7가지 속성에 대해 살펴보자.

그 첫째는 인간 존재에 대한 가장 근본적인 속성, 정체성(居善地)이다. 나는 누구(무엇)인가? 나는 어디로 향하고 있는가? 이런 질문에 대한 답이다. 물론 직접적으로 누구인지, 인생은 무엇인지 알려 주는 것은 아니다. 그 질문 자체를 알려 주고 있다. 그 질문과 함께, 경계해야 할 것과 생각해 보아야 할 사항을 이끌어 교훈으로 제시하고 있다. 물은 항상 아래로 흐른다. 위에 있지 않으려는 속성이다. 나를 높이는 것이 아니라, 나를 낮추는 방향이다. 나를 낮추는 모습을 비굴하거나 하찮고 천한 상태라고 생각한다면 오해이다. 가장 중심과 밑바탕을 이루려는 겸양의 자세이다. 물은 자체적으로 형태를 갖지 않으며 어떤 형태의 그릇에도 담긴다. 즉, 물의 정체성은 자신을 낮추어 어떤 형태로도 변할 수 있는 유연성을 지닌다.

사람들은 나이가 들면서 자신을 점점 높이려고 한다. 높은 지위를 얻은 후에도 그 위상을 고착화하기 위해 집착한다. 그러다 보면 삶의 중요한 것을 잃기 쉽다. 삶의 기반이 되는 것이 무엇인지, 삶이 어떻게 변해가야 하는지에 대한 이해와 가치관이 부족하기 때문이다. 나의 정체성을 욕심과 바꾸려고 한다면 그것은 어리석은 일이다. 욕심의 늪에 빠져 있다면 지금이라도 욕심을 비우고 나의 정체성을 찾아가는 방향으로 인생의 목표를 수정함이 바람직하다.

인생의 순리는 작은 냇물이 흐르고 흘러, 작은 하천의 지류를 이루고, 지류가 모여 큰 강을 이루어 마침내 커다란 호수나 바다에 이르는 것과 유사하다. 그 과정에서 나의 정체성은 무엇일까? 어떤 태도와 방향을 갖고 살아야 할까? 이것이 물의 첫 번째 속성, 정체성(居善地)이 주는 가르침이다.

둘째 속성은 깊은 마음(心善淵)이다. 나의 마음은 얼마나 깊고 넓은가? 깊고 넓은 바다는 나에게 흘러오는 모든 강과 하천에 대해 차별을 두지 않는다. 나에게 오는 모든 것을 깊고 넓은 마음으로 받아주고 융화를 이룬다. 나누어 편 가르고, 이익을 따로 챙기는 모습이 아니다.

마음(心)은 이성 영역과 감정의 영역, 그리고 의식에 의존하지 않는 자율적인 영역으로 구분할 수 있다. 3가지 영역이 균형 있는 깊이와 넓이를 갖추는 것이 바람직하다. 감정에 치우치거나, 이성에만 의존하거나, 감정이나 이성은 모두 멀리하고 별 생각 없이 습관과 반복적 행위에 의존해 살아가는 삶은 마음의 1/3만 활용하는 일이다. 나의 2/3를 스스로 잠재우고 멀리하는 일이다.

이성을 많이 활용하다 보면 이성이 발달한다. 대신 감성의 영역에서 일어나는 감정에 대해 소홀하게 된다. 이런 습관이 쌓여 가다 보면 어느새 감정에 무딘 사람이 된다. 감정이 풍부한 사람과 차츰 거리가 멀어지게 되고, 어느 순간 나의 마음이 메말라 있는 것을 알게 된다. 한번 굳어진 습관과 상실한 것은 되돌리기가 쉽지 않다. 하지만 불가능한 것은 아니다. 첫 번째 속성의 교훈 중에 물의 유연성에 대해 설명했다. 변하지 않는 것은 없다. 다만 고착화된 형태는 변화가 느리고 천천히 이루어질 뿐이다. 그 변화를 위해서 굳은 마음을 녹여주는 따뜻함이 필요하다.

감정에 치우치다 보면 이성을 놓치게 된다. 이성적 상황 판단이 많이 필요한 인생의 여정일수록 감성에 치우치면 잃는 것이 많아진다. 예민한 감수성을 지닌 사람의 마음은 다른 사람을 대할 때에도 발휘되지만, 나 스스로에게 먼저 적용된다. 우선 경계해야 할 사항은 다른 사람의 마음을 바꾸려 하는 나의 욕심이다. 이는 다른 사람의 감정도 나의 감정과 같아야 한다는 욕심에서 출발한다. 세상은 큰 것과 작은 것, 깊은 것과 얕은 것도 어우러져 상생한다. 마찬가지로 감정이 풍부한 사람과 부족한 사람도 같이 살아간다. 서로 부족한 부분이 존재할 수 있고, 깊이가 다를 수 있다는 것을 먼저 이해해야 한다.

셋째 속성은 다른 사람을 대하는 태도(與善仁)이다. 다른 사람을 대할 때 호수에 비춰진 자신의 모습처럼 자신과 동등하게 대하는 자세가 필요하다. 반대로 자신을 대할 때에는 다른 사람처럼 객관적인 기준으로 대함이 좋다. 대개 자신에게 관대하고 다른 사람에게는 엄격하기 쉽다.

대히는 태도와 지세가 거울을 마주한 것처럼 선을 긋듯이 차가운 모습을 의미하지는 않는다. 마음에서 우러나오는 깊이를 기반으로 인(仁)자하고 온화한 대함이 사회를 밝고 따뜻하게 만든다.

인(仁)이라는 한자의 의미를 살펴보면, 서 있는 사람이 두 명이다. 서로 주고받는 모습이 수평(二) 형태이다. 인간관계에서 수평적인 모습, 즉 평등의 의미를 지니고 있다. 남녀노소 구별 없이 사람 간의 관계는 평등하다. 지식이 많은 사람이든, 재산이 많은 사람이든 인간 자체의 존엄성을 기준으로 평등하다. 이런 마음가짐은 계층과 위상이 빚어내는 욕심을 최소화하는 데 도움이 된다. 사회의 갈등을 최소화하는 밑거름이다.

넷째 속성은 신뢰를 바탕으로 한 언어(言善信)이다. 언어는 소통의 도구이다. 내가 갖고 있는 생각을 전달하고 타인의 생각을 전달받는 과정에 사용된다. 투명함과 신뢰를 바탕으로 한다.

물은 투명하다. 물은 거짓이 없다. 물처럼 투명한 언어를 사용한다면 사람들은 다툴 일이 없어질 것이다. 그러나 사람들이 사용하는 언어는 흐릿하며 불명확한 부분이 많다. 투명하게 드러내고 싶지 않을 때도 많다. 그렇기 때문에 관계의 복잡함을 더욱 증가시킨다. 항상 투명하지는 못하더라도, 신뢰를 바탕으로 하는 언어가 필요한 이유이다. 언어의 이면에는 마음으로부터 전달되는 많은 것이 포함되어 있다. 마음속 가득 사심을 품고 표현하는 언어와 다른 사람들을 위하는 척 가식적인 언어가 많아지면 많아질수록 사회는 어지러워진다.

성인(聖人)의 언어는 많은 사람들에게 커다란 영향을 준다. 그래서 더욱 더 신뢰가 필요하다. 신뢰를 버리고 교묘하게 포장된 언어로 사람들 마음의 혼란을 가중시킨다면 그런 언어보다는 침묵이 더 바람직하다.

도(道)는 보이지 않지만, 쓰임에 있어 무한하며 날카로움을 가라앉히고 분열을 해소한다. 언어의 역할 또한 비슷하다. 보이지는 않지만 관계를 맺고, 나의 마음을 전달하는 역할로 쓰임에 끝이 없다. 갈등의 날카로운 요소를 완화시키고, 사람들 마음의 분열을 해소하는 방향으로 사용됨이 바람직하다.

현대 사회에서 사람들의 언어를 대신하는 것은 방송과 신문 등의 언론 기관이다. 방송과 신문이 투명함과 신뢰를 버리고 사심을 품는다면 사회를 어지러운 방향으로 이끌게 된다. 언론 기관은 사실과 정보를 여과 없이 전달하는 역할이면 충분하다.

다섯째 속성은 올바른 다스림(政善治)이다. 나는 언어와 일과 행동을 얼마나 잘 다스리고 있는가? 물을 다스릴 때에 강제하면 오히려 그르치기 십상이다. 하천 치수 사업을 할 때에 물의 흐름을 고려하지 않고 강제로 둑을 쌓고 막는다면 그 둑은 오래가지 못하고 무너지기 쉽다. 하천이 아니라 그릇에 물을 붓는 일도 유사하다. 한꺼번에 강제로 붓다 보면 물이 튀거나 넘치기 쉽다. 작은 그릇에 물을 채우고 자리를 옮기는 상황을 생각해 보자. 주의를 기울이지 않으면 흔들려 넘치고 엎지르기 쉽다. 다스림은 시간의 흐름에 따른 변화의 이해를 기반으로 한다. 그리고 주변 환경과 조건에 대한 이해가 필요하다. 무엇보다도 강제로 하지 않아야 한다.

세상을 다스리는 일(政治)도 이와 같은 이치를 이해하고 다스리는 것이 좋다. 성인이 마음속에 숨은 의도를 품고 일을 재촉한다면 중간 계층이 그것을 이해하기 어렵다. 재촉하는 명령의 언어만 서민에게 전달하기 바쁘다. 세상을 올바르게 다스리는 방법, 올바른 정치에 대해 논하는 것은 끝이 없는 일이다. 세상의 변화 요인, 환경, 조선이 끝없이 다양하기 때문이다. 그래서 특정 방법이 항상 올바르다고 정하는 것은 어렵다. 올바른 다스림 관련하여 알려주고 싶었던 교훈은 강제하지 않음이다. 사람들 스스로의 의지에 따라 자율적으로 잘 이루어지도록 환경과 조건, 그리고 체계를 갖추는 것이 최선이다.

여섯째 속성은 일을 잘 수행하는 능력(事善能)이다. 일은 직업을 포함한 살아가는 활동 전체를 의미한다. 물이 일하는 방식은 목적을 이루기 위해 기꺼이 자신을 희생하는 것이다. 밥을 지을 때, 또는 빵을 만들 때에 물이 꼭 필요하지만 그 요리를 밥, 빵이라 부르지 '물밥' 또는 '물빵'이라고 하지 않는다. 이와 같이 완성이 이루어지는 과정에서 물은 꼭 필요한 존재이지만 자신을 내세우지 않는다. 음식을 요리할 때에도, 그릇을 만들 때에도, 건물을 지을 때에도 물이 없는 과정은 상상할 수 없다. 일을 수행할 때에 성과와 결과에 집착한다면 물처럼 나를 희생하는 일이 쉽지 않다. 성과와 결과만 바란다면 내가 하고 있는 일에 대한 외미가 약해지고 퇴색되기 쉽다. 의의에 대한 인식이 퇴색되어 일을 소홀히 하는 경우, 조화와 협업이 무너지게 된다. 나 홀로 모든 일을 수행하고 혼자 잘 살 수 있는 방법은 없다. 조화와 협업을 이루는 방법을 알고 실행함을 통해서 사회가 균형을 이루며 유기적으로 성장할 수 있다.

일곱째 속성은 때에 맞추어 적절하게 활동(動善時)함이다. 시의적절한 활동에 대한 교훈이다. 나는 때를 놓치지 않고 살고 있는가? 나는 시의적절하게 행동하고 있는가? 나의 행동은 시간에 늦지 않게 이루어지고 있는가?

과거 농경 시대와는 달리, 현대인의 삶은 분과 초를 다투는 상황 속에 살고 있다. 몇백 분의 1초를 두고 입찰 경쟁에서 지는 일이 다반사다. 그만큼 시의적절한 활동이 더욱더 요구되고 있다. 나에게 주어진 시간에 대한 중요성은 위의 질문으로 충분하다고 생각한다. 부족하다면 자신의 활동과 시간에 대해 스스로에게 질문해 보기 바란다.

인간의 삶을 바라보는 시각은 물의 7가지 속성과 견주어 볼 수 있다. 하나의 정체성이 시작하여 마음이 자란다. 자신의 마음과 마주하는 외부의 사물과 사람을 대하며, 언어를 배우고 소통하게 된다. 성장하면서 자신을 가다듬고 다스림을 통하여 일을 배우고 능력을 넓혀 간다. 일을 수행하며 자신의 삶에 주어진 시간을 관리하고 활동하며 살아가게 된다. 정체성에서 시작되어 일생 동안 7개의 속성이 어우러짐을 이루며 살아가는 것이 삶의 모습이다.

7개의 속성을 이해하고 나와 주위를 다스린다면 물과 같은 선(善)한 삶을 이룰 수 있다. 도덕경은 성인(聖人), 즉, 노자(老子)를 위한 지침서이다. 1~7장까지 세상의 기본 구조와 세계관을 제시하고, 8장에서 삶을 7개의 영역으로 구분하여 물(水)의 속성과 연계하여 가르침을 주고 있다. 이후 9장부터는 그런 7개의 속성과 관련된 교훈을 한 장씩 설명을 더하고 있다.

전반부 37장까지는 도경(道經)이라 하며, 후반부 38~81장까지 44개의 장은 덕경(德經)이라는 제목으로 크게 나누었다. 전반부는 인생의 전반기를, 후반부는 인생의 후반기인 중장년 시기에 적절한 주제를 다루고 있다. 도덕경은 1장에서 하나의 존재에 대해 인식하고, 이름 짓는 행위에 대해 설명하고, 2장에서는 2개의 존재를 비교하고, 3장은 3개의 존재

가 이루는 순서를 설명하며, 81장까시 각각의 장은 마치 해낭 나이에 가
장 필요한 교훈을 들려주는 듯하다. 성인(聖人)이 81세까지 삶의 지침서
로 항상 지니고, 그 뜻을 새겨야 할 내용으로 구성되어 있다.

4. 노자의 세계관

노자 사상의 세계(우주)관을 살펴보자. 노자의 세계관은 도덕경 25장에 잘 드러나 있다. 모든 만물은 혼재되어 이루어져 있다(有物混成)고 설명한다.

蕭呵 寥呵, 獨立而不改, 周行而不殆
(소아 요아, 독립이불개, 주행이불태)

소리도 없고, 적막하구나,
만물은 독립적이고 다시 반복되지 않으며,
그 운행의 멈춤이 없다.

우주는 소리도 없이 고요하며, 한없이 적막하기도 하다. 시적인 감성이 일어나는 멋진 표현이자 우주의 한 면을 바라보는 모습이다. 우주의 모든 것은 독립적이다. 반복 재생되는 것은 없다. 이 우주에 작은 모래 알갱이 하나도 동일한 것은 없다. 우리가 동일하다고 분류하는 것도 분자, 원자 단위 이하의 미립자, 소립자의 운동 레벨로 내려가서 살펴보면 동일한 것은 아무것도 없다. 그리고 그 모든 것의 운행은 태만함이 없다. 모든 것은 움직인다. 거대한 시야에서 살펴보아도, 분자와 원자의 작은 단위에서 살펴보아도 정지해 있는 것은 아무것도 없다. 모든 것은 서로 간에 영향을 미치며 나름대로의 위치에서 변화를 이루고 있다.

노자의 시각으로 바라보면 우리 세계의 모든 것이 소중하고 아름다운 모습으로 비춰진다. 그 각각의 운행 모습을 바라보면서 내가 함부로 개입하여 강제하고 제압하는 것에 대해 다시 생각하게 만든다. 30조 개 이상 세포 집합체로 이루어진 인간을 함부로 대하고 멸시하며 강제하여 자유를 약탈하는 행위는 실로 엄청난 도발이다.

도덕경에는 우주의 법칙 또는 원칙을 알거나, 이해하고 있다고 직접 언급한 부분이 없다. 다만, 우주(세계)를 객관적인 시각에서 관찰하고, 바라본 결과를 함축적으로 표현하고 있다. 우주의 법칙을 알 수는 없지만, 그 운행되는 원칙을 표현하기 위해 편의상 도(道)라는 글자를 사용하였다. 그리고 그 포괄적인 모습과 속성을 설명하기 위해 가장 근접한 성격의 단어를 활용한다. '크다(大)'라는 글자다.

도(道)의 속성을 '크다(大)'고 정리하였으며, 우주를 의미하는 하늘(天), 지구를 의미하는 대지(地)와 인간 또한 '크다(大)'고 설명한다. 그리고 큰(大) 것은 천천히 움직인다고 기술하고 있다. 천천히 움직이는 것은 아주 멀리 움직이며, 멀리 움직이는 것은 다시 반복하여 되돌아온다. 우리가 살고 있는 세계가 원 운동 형태로 움직이는 것을 이야기하고 있다. 원 운동을 하고 있는 지구, 태양계, 은하계의 자연 그대로의 모습을 사상 체계에 반영하고 있다.

우리의 세계(域)는 도(道), 천(天), 지(地), 인(人) 4가지 큰 것을 포함하여 이루어져 있고 인류는 그 속에서 살고 있다. 인간은 가깝게 대지(地)의 법칙을 따르고, 대지(地)는 하늘(天)의 법칙을 따르고, 하늘은 도(道)라는 우주의 운행 법칙을 따른다.

지구를 중심으로 세상을 바라본 세계관과 하늘에 존재할지도 모르는 신을 중심으로 한 세계관을 넘어서 우주를 이루는 스스로의 법칙이 존재하고 있음을 이해하고 있다. 인간을 도(道), 천(天), 지(地)와 같은 큰 (大) 존재라고 표현하며 소중한 존재로 인식하고 있다. 인류 역사상 어떤 철학도 인간의 가치에 대해 이렇게 소중하게 평가한 사상은 없다.

온 우주의 티끌 하나도 독립적인 나름의 운행이 존재한다. 그 모든 것은 서로 간의 상호작용으로 상생하고 있다. 지구 대지의 진흙 한 덩어리에도 70억 개 이상의 마이크로 단위 생명체가 살아 움직인다. 인간의 몸을 이루는 30조 개 이상의 세포와 박테리아를 포함한 100조 개 이상의 수많은 개체가 인간과 공생하고 있다. 이 얼마나 경이로운 일인가?

세상을 바라보는 방법을 알게 되는 것은 자연과 사람이 어우러져 이루는 세상의 모습을 이해함이다. 이를 통해 우리는 삶의 올바른 길(道)을 찾고, 세상을 계속 평화롭게 이끌어 갈 수 있다.

4장

과거 이해에 대한 해킹

과거를 올바르게 바라보는 시각이 필요하다.

미래는 열린 시각으로 바라보아야 한다.

미래는 새롭게 채워 가는 방식이다.

수정해 가는 것 자체가 도(道)이다.

과거 이해에 대한 해킹이 왜 필요한가?

우리는 역사학자들이 만들어 낸 그럴듯한 추측과 가정을 교과서처럼 받아들인다. 시간이 흐를수록 그 내용은 더욱 확고해지고 고착화된다. 그 가운데에는 현실적이지 않은 부분도 상당수 존재하며 많은 사실이 생략된다. 게다가 특정 부분은 교묘하게 변형되고 포장된다.

우리는 과거의 사실을 모두 알 수는 없다. 기록과 유물을 통해서 당시의 상황을 유추할 뿐이다. 과거 역사를 통해서 가장 먼저 챙겨야 할 것은 그 역사를 통해서 배울 수 있는 교훈이다. 무엇이 그런 상황을 이끌었으며, 어떤 선택의 방법이 있었는가를 이해하는 일이다. 이를 통해서 우리가 당면한 문제에 대한 해결 방법을 찾는 데 도움을 구할 수 있다. 기존 역사관에 대한 의구심을 갖고 다른 관점에서 생각해 보는 것이 의미가 있는 이유이다.

인류가 살아오면서 일어난 큰 변화에는 변화가 생겨난 이유와 의미가 존재한다. 큰 변화가 일어난 원인은 데게 기존 질서와 법칙을 무너뜨리는 혁신이 있기 때문이다. 구석기 시대 인간 모습의 변화, 본격적인 농경 사회로 전환된 철기 사회, 기술과 과학을 기반으로 한 산업화 등 인류 역사의 큰 변화에 대해 새로운 시각에서 살펴보자.

1. 믿음의 시작

불이 인류에게 선사한 믿음

인류가 불을 사용하기 시작한 정확한 시기는 모른다. 대략 1~2백만 년 전부터 불을 사용했을 것이라고 추정한다. 부싯돌을 활용하여 불을 피운 흔적은 약 30만 년 전 정도이고, 불을 본격적으로 활용한 것은 12만 년 전 정도로 본다. 언어가 사용되기 시작한 시점을 대략 10만 년 전으로 추정할 때 불의 사용이 언어의 사용보다 몇 만 년 앞선다. 불을 활용하여 추위를 이겨낼 수 있고, 배를 만들고, 불로 나무를 휘게 하여 활을 만든다. 불의 활용은 도구의 발달을 촉진시켰다. 4~5만 년 전 인류는 불과 도구를 활용하여 아프리카를 벗어나 세계 각지로 흩어져 살게 된다.

불을 사용함으로써 인간의 생존성이 강화되었다. 밤에 맹수의 침입으로부터 안전을 확보하게 된다. 낮에는 맹수의 접근을 미리 예상할 수 있다. 갑자기 마주친다 하더라도 나무 창과 몽둥이로 무장한 사람들이 당황하지 않고 대응하는 것이 수월하다. 하지만 밤에는 상황이 완전히 다르다. 접근을 예상하기도 어려울 뿐만 아니라 어둠 속에서 급습을 당하는 경우 당황하기 쉽고 대응도 어렵다. 잠을 자는 동안 맹수의 공격이 두려워 불안에 떨고 편히 잠들 수가 없었다. 해가 떨어지면 어두워져 잠을 자는 것 외에는 특별히 할 일이 없다. 잠자는 시간은 길지만 불안과 긴장으로 편안한 잠이 아니다. 현대인인 우리도 편히 잠을 이루지 못하면 몸이 불편하고 정상적인 활동에 많은 지장을 받는다.

불이 주는 가장 큰 이로움은 안전에 대한 믿음이다. 이를 통해 불안감 해소와 숙면을 이루었다. 편안한 잠은 뇌의 여러 기관 중에서 특히 해마를 활성화시킨다. 뇌의 중심부에 위치한 해마는 기억의 교통 정리라는 역할을 수행한다. 단기 기억 장소와 장기 기억 장소의 네트워크를 연결하여 장기 기억을 다시 활성화시킨다. 즉, 뇌의 각 부분을 효과적으로 사용할 수 있는 상태로 만들어 주는 역할이다. 해마의 활성화를 가져온 깊은 잠은 낮 동안의 기억을 뇌의 각 공간에 장기적으로 저장하고 이를 다시 꺼내어 활용할 수 있는 힘을 주었다.

동물 가운데 유일하게 인간만이 가진 수면의 형태가 만들어지기 시작했다. 인간은 잠을 이루는 10~20%의 시간 동안 REM(Rapid eye movement)수면 상태로 기억을 정리하는 활동을 한다. 침팬지 등 유인원은 이런 과정이 없기 때문에 기억을 장기적으로 보관하고, 다시 꺼내 활용하는 능력이 인간에 비해 현저히 낮다.

불이 있기 때문에 야간에도 활동이 가능해졌다. 석기 쪼개기, 나무창 만들기 등 도구를 만들 시간이 늘었고, 이는 손의 감각과 활용 능력을 더욱 촉진시켰다. 동료들과 유대감을 강화하고 교감할 수 있는 시간의 증가를 의미한다. 빛은 열과 같은 에너지를 전달하는 역할과 정보를 전달하는 역할을 한다. 불을 다루기 시작하면서 불을 붙이고, 전달하고, 끄는 과정에서 정보 전달의 필요성이 증가한다. 도구를 만들어 사용하는 과정에서도 소통이 필요하기는 마찬가지이다. 언어의 필요성이 증가하기 시작한다.

불이 있는 상황에서의 교감은 불이 없는 상황의 교감과는 차원이 다르다. 밝은 공간에서는 일정한 거리를 두고 정보의 전달이 이루어진다. 즉, 소리를 통한 정보의 교환이다. 낮 동안에는 생존을 위한 수렵, 채집 활동을 하지만 밤에는 움직임이 적고 에너지 소모가 적은 활동이 주를 이룬다. 손을 사용하고 소리를 활용한 정보 전달이 그런 활동이다. 고요한 동굴 속에서 울려 퍼지는 소리는 청각 기관을 예민하게 만들었다. 음의 고저와 길이에 대해서 조금씩 구분하는 능력이 향상되면서 언어 사용이 시작된다.

언어 사용은 사물에 대한 인식의 변화를 가져온다. 돌이라는 사물에 대해 돌칼, 뗀석기 형태로 변화된 모습을 이해하고 표현하게 만든다. 우연히 불에 그을린 고기를 별 생각 없이 먹는 것과 달리 맛과 질감의 차이를 이해하게 만든다. 차이와 변화에 대한 인식은 과거와 현재 상태에 대한 비교 능력을 의미한다. 과거를 기억하고 현재와 구분하며 미래에 어떤 모습으로 바뀔 것인지 이해하는 과정이다. 인간과 동물의 가장 큰 차이점은 과거와 미래를 뇌 속에서 구분 짓고 조합하여 현재에 활용하는 능력이다. 동물은 오직 현재 위주로 인식하고 활동한다. 미래를 대비해서 어떤 활동을 하는 행위도 현재의 본능에 의한 지시다. 과거의 경험을 기억하고 되살려 활용하는 인간의 활동과는 현저히 다르다.

해마의 발달로 형성된 뇌의 네트워크가 장기 기억과 단기 기억을 연관할 수 있는 기반을 마련하기 시작한다. 뇌의 크기와 모양 및 세포의 개수를 떠나서 과거와 현재, 현재와 미래를 연결하는 능력은 뇌의 각 부분 간의 네트워크가 활성화되었음을 의미한다. 뇌 속에서 단절되어 있던 저장 공간들 간에 도로가 생성되는 것과 유사하다. 이전에도 뇌세포 간 물리적 연결은 있었다. 동물적 본능이라 불리는 기능이다. 본능에 따라 움직이고 활동하며 신체의 각 부위를 제어하는 능력에 해당한다. 구석기 초기 인류가 뇌를 활용하기에는 삶이 두려움과 긴장의 연속이었다. 잠을 편히 잘 수 없었기 때문에 뇌는 몽롱한 상태에서 운용되었다. 뇌의 소프트웨어가 최소한의 방식으로 운용됨을 의미한다.

불에 대한 두려움의 극복과 활용으로 어두운 밤 갑작스러운 맹수가 돌진하는 경우가 사라지고 안전이 보장되었다. 이에 따라 맹수와 몸을 뒤엉켜 직접적인 혈투를 벌일 일도 없어졌다. 나무에서의 생활 습관을 버리고 맹수와의 혈투를 대비할 필요성이 사라지면서 순간적인 힘을 내는 근육보다 장시간 수렵, 채집에 에너지를 소모하는 형태로 근육의 형태가 서서히 바뀌기 시작한다.

헬스클럽에서 근육질의 남성과 작은 체구의 침팬지가 팔씨름을 한다고 상상해 보자. 침팬지가 아무리 체구가 작아도, 침팬지를 이길 수 있는 사람은 거의 없다. 침팬지의 팔 힘이 훨씬 센 이유는 나무에 매달리고 오르는 데 유리한 형태로 근육이 빌딜해 있기 때문이다. 순간적으로 많은 힘을 내는 근육 형태이다. 동일한 근육의 크기라 하더라도 인간보다 2배 이상 힘이 세다. 하지만 침팬지와 장거리 달리기 시합을 한다면 확연히 다르다. 침팬지는 얼마 뛰지 못하고 쉽게 지친다.

인간은 나무에서 내려온 이후 더 이상 근육을 활용하여 나무에 매달릴 필요성이 없어졌다. 불을 사용한 이후로는 다른 동물과 격투를 벌일 일도 없어졌다. 식량을 더 얻기 위해 장거리를 걸어 다니고, 사냥하며 채집하기에 적합하도록 100만 년간 조금씩 그리고 꾸준히 진화했다.

장거리를 이동하게 되면 바뀌고 발달해야 하는 기능이 있다. 장거리를 효율적으로 이동하기 위해서는 방향감이 절대적으로 필요하다. 나침반이 없던 시기에 길을 찾기 위해서는 장소와 물체에 대한 기억과 후각 기관에 의존한 동물적인 방향 감각이 필요했다. 인간의 후각 기관은 다른 동물과 현저히 비교된다. 냄새를 맡는 능력이 급격히 퇴화하였다. 대신 방향을 직관적으로 알고 유지하는 감각은 향상된다. 이는 사냥 및 식량의 채집 경로를 다양하게 할 수 있는 능력을 의미한다. 공간에 대한 인식과 기억은 더 많은 경로 활용으로 더 많은 식량 확보를 가능하게 해준다. 방향과 장소에 대한 기억 능력의 향상은 뇌의 활용을 더욱 가속화한 요인 중 하나이다.

후각 기관의 기능 이외에도 유인원과 다른 인간의 독특한 특징 중 하나는 후각 기관 형태의 변화이다. 코 모양의 변화는 다른 어떤 신체 기관보다 눈에 띈다. 침팬지에서 고대 호모족으로, 그리고 호모 사피엔스로 진화할수록 입이 들어가고 코가 피라미드와 비슷한 삼각형 형태로 두드러져 나온다. 침팬지나 유인원의 코는 구멍이 하늘 방향이다. 외부로 드러난 코가 거의 없다고 보면 쉽다. 하지만 인간의 코는 삼각형 모양의 외관을 지니고 있다. 내부적으로는 피라미드 형태의 비어 있는 공간인 부비강을 지니고 있다.

왜 호모 사피엔스만 유일하게 코가 자라나고 돌출되었을까? 후각기관의 발달에 대해서는 아직 연구가 활발히 진행되는 분야이며 의견이 분분하다.

구석기 시대 100만 년간 인간의 뇌는 조금씩 크기가 커졌다. 수렵, 채집 과정에서 장소와 환경에 대한 기억의 필요성이 뇌의 크기를 증가시켰다. 뿐만 아니라 신체의 다양한 근육을 골고루 사용하기 시작하면서 뇌의 각 부위에 분포되어 있는 운동 뉴런 또한 전체적으로 늘어난다. 뇌의 모양이 유인원과 다르게 앞뒤로 길게 편향되지 않고, 더욱 동그랗게 변했다.

　뇌의 크기와 사용의 증가는 뇌에서 많은 에너지를 소모하고 열이 발생함을 의미한다. 현대인의 뇌는 신체의 2% 질량에 불과하지만 20%의 에너지를 소모한다. 그만큼 열의 발생이 많다. 이를 해결하기 위해서는 효율적인 냉각 체계가 필요하다. 인간은 진화 과정에서 동물과 다른 딜레마에 빠지게 된다. 동물의 냉각 체계는 뇌의 활용이 적기 때문에 신체를 냉각하는 형태로 발달하면 충분하다. 그러나 인간은 신체에 대한 냉각 체계에만 의존할 수 없었다. 뇌에 대한 냉각 체계를 고려하지 않는다면 뇌에서 발생하는 20%의 열로 인해 뇌의 기능이 저하될 수 있다. 그래서 인간은 몸과 뇌를 분리하는 냉각 체계로 진화한다.

　장시간 걷고, 뛰는 동안 발생하는 신체의 열을 효과적으로 방출하기 위해서 몸의 털을 버리는 방향으로 진화했다. 털을 버리고 땀구멍이 늘어나는 구조를 통해서 몸에서 발생하는 열을 외부로 방출하는 시스템이다. 그러나 땀을 통해 열을 방출하다 보면, 다량의 물을 흡수해야 하는 문제가 발생한다. 물을 지니고 다니기 힘든 상황에서 물을 흡수해야 하는 문제에 직면하면 활동 범위가 줄어들고 식량 확보가 어려워진다. 이를 극복하기 위해서 신체 외부로 수분 방출을 줄일 필요가 있다.

　외부와 수분 교환 작용이 가장 많이 이루어지는 것은 호흡을 통해서다. 입은 다물면 된다. 그러나 코는 구조상 닫을 수가 없다. 유인원은 코의 형태가 하늘로 향해 있어서 외부로 바로 노출되는 구조이다. 그래서 코를 통해서 체내의 수증기가 바로 방출된다. 열대의 온도와 습도가 높은 밀림에서는 그러한 형태가 유리하다. 호흡을 통해 체내의 열을 쉽게 배출한다. 많은 수분을 포함한 과일과 나뭇잎을 주식으로 삼기 때문에 물의 외부 방출이 오히려 체내 과다 수분 조절에 도움이 된다. 그러나 건조한 들판을 뛰어다녀야 하는 인간에게는 상황이 다르다. 수분 방출을 최소화하는 형태로의 진화는 필수적이다. 삼각형 형태의 코는 수분을 외부로 방출시키지 않는 데 유리하다. 콧구멍이 아래를 향하고 있어서 체내에서 가열된 수증기는 삼각형 형태의 코 윗부분에 머무르게 된다. 그리고 인입되는 차가운 공기에 의해 수증기가 식혀져서 다시 체내로 유입된다. 물의 소모를 최소화하기 위해 최적화된 구조이다. 인간 코의 형태는 유인원 대비 2배 이상 물을 적게 소모하는 형태로 진화하였다.

외부로의 수분 방출 최소화 이외에도 비강의 비어 있는 공간 구조는 몇 가지 커다란 쓰임을 지닌다. 뇌의 열을 식히는 데 효과적이다. 피라미드 형태의 부비강 구조로 인하여 외부에서 유입된 차가운 공기는 부비강의 윗벽을 식혀준다. 그리고 코의 구조에는 또 다른 숨은 공간이 있다. 부비강과 연결된 눈 사이와 이마 부분 아래에 해당하는 전뇌 부분의 빈 공간과 해마 주변 세포와 맞닿아 있는 뇌의 가장 깊숙한 부분의 빈 공간이다. 코를 통해 빈 공간으로 차가운 공기가 유입될 수 있는 굴과 같은 구조이다. 이런 공간 구조는 전뇌와 뇌의 가장 중심에 해당하는 부분에 대한 냉각에 효율적이다.

고성능 컴퓨터일수록 CPU에 대한 냉각이 중요하게 설계된다. CPU의 열을 식혀주는 효율이 높을수록 시스템이 정지하지 않고 안정적으로 운용되는 데 도움이 되기 때문이다. 인간도 유사하다. 두뇌에서 발생하는 열에 대해 효율적으로 냉각이 이루어지지 않는다면, 과열로 인해 뇌의 온도가 상승하여 느려지고 멈추는 일이 발생하게 될 것이다. 즉, 인간은 자연의 최고 설계 기술을 순응하여 진화해 온 것이다.

현대인은 바쁜 일상으로 오후 3~4시쯤 되면 녹초가 되기 쉽다. 이때

가만히 앉아서 눈을 감고 호흡을 가다듬어 보자. 단 5분만이라도 들숨, 날숨을 길게 느껴 보자. 무엇보다도 호흡이 깊이 진행될 때 코를 통해서 차가운 외부의 공기가 들어오고 머리로 시원함이 전달됨을 느낄 수 있다. 코의 냉각 체계에 의해 뇌가 식혀지는 것을 느끼게 된다. 명상과 호흡법이 좋은 과학적 이유다. 뇌의 과열을 방지하여 기억과 이성 영역에 대한 활용 효율을 높여준다.

도(道)는 비어 있으나(沖) 사용에는 끝이 없다. 비어 있는 곳에서 눈에 보이지 않는 수증기의 작용이 끝이 없다. 사람의 비강 구조와 뇌의 냉각 작용에서도 이와 같은 원리가 적용된다. 외부로부터 공기(空氣)를 흡입하는 호흡의 과정에서 이루어지는 기(氣)의 순환이다. 기의 순환은 신체에 산소와 영양분을 공급하는 것 이외에도 뇌의 과열을 방지하고 신체의 상태를 최적화하는 일도 포함된다.

인간 코의 구조적 형태는 언어 발달에도 커다란 역할을 한다. 비강 내 삼각형의 빈 공간은 폐, 목, 입과 더불어 울림통이 하나 더 늘어나는 양상이다. 코의 모양은 소리를 일정한 형태로 만들어 내는 데 도움을 준다. 입 안의 모양과 더불어 비강 구조는 소리를 더 다양하게 만들 수 있게 한다. 이런 구조 덕분에 침팬지나 원숭이가 낼 수 없는 이(i), 아(a), 우(u)에 해당하는 모음을 인간은 자음과 함께 조합해서 발성할 수 있다. 다양한 소리의 발성은 표현을 정교하게 만들고 소리를 통한 의사소통을 원활하게 이끌었다.

신체적 구조와 형태의 변화는 아주 천천히 이루어진다. 구석기 시대가 1백만 년이 넘도록 길고 느리게 이어졌던 이유는 그 변화가 아주 천천히, 그리고 조금씩 자연의 설계에 따라 이루어졌기 때문이다. 변화의 실패나 뒤처짐은 해당 유전자를 가진 종족의 몰락을 의미한다. 여러 종류의 호미닌 중에 호모 사피엔스만 최종으로 살아남은 것은 어떻게 보면 자연스러운 일이다.

유사한 집단이 인접한 공간에서 사냥을 하며 살아간다고 가정해 보자. 식량이 풍부하지 않은 시기가 도래하면 나의 사냥터에서 내 식량을 약탈해 가는 것이 용납되지 않을 것이다. 근세의 역사를 보더라도 수백만 명이 평화롭게 살던 아메리카 인디언의 후손을 얼마나 찾을 수 있는가? 불과 2~3백 년도 안 되는 기간에 거의 전멸하고 흡수되어 고유의 모습이 잊힌 지 오래되었다. 이 사례를 보면 우리 부족보다 약하고 영리하지 못한 유사 종족이 수천 년, 수만 년에 걸쳐서 이웃으로 남아 있는 것은 불가능하다. 역사가 사실을 증명해 주고 있다.

구석기 시대는 주로 나무와 불을 사용하는 문화였다. 남아 있는 유물을 기준으로 석기 시대로 구분하는 것은 그들을 이해할 수 있는 우리의 방법에 한계가 있기 때문이다. 구석기인들이 어떤 과정을 거쳐서 진화했고 어떻게 원시적인 단계를 뛰어넘었는지 많은 연구가 되어야 한다. 고고학에서 발견된 유물을 기준으로 편리하게 해석하는 과정에 생긴 오해를 최소화하는 노력이 필요하다.

석기 시대는 목기 시대로 부르는 것이 좀 더 정확한 표현이다. 고대 수렵, 채집인들이 쓰던 도구는 대부분 나무로 만들어졌기 때문이다. 구석기 시대를 연구하는 방법론 가운데 유물이 부족하다면 상상력을 활용하는 것도 좋은 방법이다. 동굴 벽화의 커다란 소는 어떤 의미로 그렸을까? 그 당시 들소가 의미하는 것은 무엇이었을까? 들소 사냥에 성공하여 고기를 획득할 수 있는 기회가 일 년에 얼마나 되었을까? 그리 많지 않았을 것이다. 늙어서 활동이 둔하기 그지없는 들소를 사냥할 경우에도 맹수를 물리치고 먼저 고기를 획득할 확률은 적었다. 아마도 그 당시 최고의 행운이었을 것이다. 그런 최고 행운의 꿈을 그림으로 표현하였을 것이다.

불은 인간에게 새로운 역사의 기회를 제공했다. 따뜻한 에너지를 제공하고 생존의 기초인 안전에 대한 불안을 해소해 주었다. 그로 인해 숙면이 가능하게 된다. 이는 뇌의 해마 기능을 더욱 활성화하고 뇌의 기능을 확장하여 활용하도록 이끌었다. 과거와 현재와 미래를 조합할 수 있는 힘을 제공해 주었다. 과거 기억을 기반으로 현재의 시간과 장소와 조합하고, 미래의 모습을 상상하는 능력이다. 미래의 꿈을 동굴 벽에 그리기 시작한다. 미래에 대한 믿음을 구체화하고 공유하기 시작함이다. 그 믿음을 따라서 인류의 역사는 계속 이어져 오고 있다.

2. 믿음의 힘

거대한 무덤, 피라미드 건설

현대인을 타임머신에 태워 구석기 시대로 보낸다고 가정해 보자. 혼자 살아간다면 생존 가능성이 0에 가까울 것이다. 불을 피울 수 있고 많은 과학적 지식을 알고 있어도 혼자서 냉혹한 자연의 환경을 이겨내고 살아남는 것은 쉽지 않은 일이다.

다행히 우호적인 호모 사피엔스 부족을 만나 무리에 속한다면 생존 기간이 좀 더 길어질 수 있을 것이다. 하나의 집단에 소속되면 그 집단과 시대에 적절한 사회성을 발휘해야 한다. 현대의 방식과는 전혀 다른 형태이다. 그들에게 현대의 방식을 강요할 수는 없다. 과거의 방식대로 사냥과 채집에 쓸모가 있을 때 환영받을 수 있다. 하지만, 서투른 과학적 지식을 활용하여 인기를 얻고 부족의 리더와 대립, 갈등 관계를 만든다면 결정적인 순간에 내몰리고 죽음에 이르기 쉽다. 집단 공동체에 속하기 위해서는 그 사회의 공통적인 생활 방식과 믿음을 따르는 것은 필수이다.

구석기 시대 말기를 이야기할 때 가끔 투명한 수채화를 그리듯 그 시대를 아름답게 포장한다. 현대 산업화와 인구의 과밀화로 발생하는 스트레스와 과잉 생산, 과잉 소비, 그리고 이에 대한 불균형에 따른 문제점 등을 반성하며 구석기 시대의 수렵, 채집 생활을 낭만적으로 묘사한다. 현대 사회의 고칼로리, 고지방에 길들여진 입맛과 비교하여 수렵, 채집 시절의 먹거리 다양성을 예찬한다. 비균형적 식단의 배제로 그 당시 사람들은 비만이라는 병을 몰랐을 것이라고 상상한다. 이런 막연한 미화는 현대 사회의 인스턴트 식품 문화에 대한 반성의 의미로 충분하다. 해당 시대를 과장하여 현대와 비교하는 일은 자칫 오해를 불러올 수 있다.

구석기 시대의 현실은 이렇다. 야생의 동물 사냥은 운수 좋은 날이 아니라면 거의 불가능하고, 하루 종일 채집해도 얼마 안 되는 덜 익은 열매와 과일이 전부이다. 현대의 개량된 사과, 배와 같은 고품질을 기대하는 일은 어림도 없다. 단백질 보충을 위해 대부분의 시간을 굼벵이 같은 애벌레 및 먹을 수 있는 작은 곤충들을 채집하는 데 보내야 한다. 다행히 강가에 살고 있다면 다슬기, 소라, 조개 등을 쉽게 얻을 수 있었다.

인간의 느린 속도로 커다란 동물을 사냥한다는 것은 거의 불가능에 가깝다. 운이 좋게 늙어 죽기 직전의 덩치 큰 동물을 만나 사냥에 성공했다면 그것은 신이 주신 선물이었을 것이다. 강에서 낚시도구와 그물 없이 창으로 물고기를 잡는 것은 거의 신기에 가까운 기술이 필요하다. 배를 만들기 시작했던 시대 이전에는 깊은 물에 갈 수도 없었다. 강기슭 수풀에 숨어 있다가 운 좋게 풀에 걸려 도망가지 못하는 물고기를 획득하면 행운이다. 물속에서의 사냥은 소모하는 에너지 대비 획득할 수 있는 식량의 양이 0에 가깝다. 놀이로 즐긴다면 몰라도 이런 방식으로 사냥하면 굶어 죽기 십상이다.

이러한 상황에서도 추운 겨울을 지내기 위해서는 식량의 수집, 보관이 필수이다. 현대에 주식으로 삼고 있는 밀, 쌀 등의 곡식은 상하지 않게 건조 보관할 수 있다. 그러나 구석기 시대에는 쌀, 밀에 대한 이해가 없었다. 침팬지, 고릴라 같은 유인원들 중에서도 쌀, 밀 등을 먹는 유인원은 없다. 겉껍질이 문제다. 겉껍질을 벗겨내지 않고 섭취하기에는 소화가 쉽지 않다. 침팬지, 고릴라 등의 먹이는 주로 과일, 견과류, 곤충류, 흰개미, 죽순, 나뭇잎(일부 식용), 가끔 작은 동물 등이 있다. 나무를 탈 줄 모르는 현대인이라면 과일과 견과류는 거의 포기해야 한다. 나머지를 식단으로 삼고 행복하게 살 자신이 없다면 구석기인의 식생활을 아름답게 포장하는 일은 삼가해야 한다. 현대인의 비만 문제는 식단을 탓할 일이 아니라 설탕과 당분에 길들여진 마음속 기저에 자리 잡고 있는 식습관, 즉 입맛 때문이라는 사실을 이해해야 한다. 곤충류, 흰개미, 죽순, 먹을 수 있는 연한 풀, 버섯 등을 주식으로 먹는다면 다양하고 건강한 식단이 될 수 있겠는가? 현대인의 음식에 대한 믿음과 관습은 구석기인의 음식에 대한 믿음과 관습과는 현저히 다르다.

4~5만 년 전 구석기 말, 인류의 인구가 급격히 늘어나고 전 세계 각지로 퍼져 살기 시작한다. 불의 활용은 먹을 수 없는 것도 먹을 수 있게 바꾸어 주었다. 독소가 있거나 맛이 없는 곤충류도 구우면 먹을 수 있는 형태로 바뀐다. 나무 열매, 나무뿌리, 일부 과일과 뿌리채소 등도 그렇다. 질겨서 먹을 수 없는 형태도 불을 이용하면 연해진다. 운 좋게 잡은 대형 동물의 고기 또한 불에 굽거나 훈제라는 방식을 사용하면 한 번에 모두 먹어치워야 하는 부담을 줄일 수 있다.

가끔 초기 인류가 불을 사용하여 고기를 익혀 먹었기 때문에 소화에 소모되는 에너지가 줄어들고 뇌가 발달하게 되었다는 가설을 사실처럼 이야기하는 것을 듣곤 한다. 이는 누군가가 초기에 만들어 낸 가설을 강력한 믿음으로 받아들인 사례이다. 우리는 최초로 발견한 것과 처음 지어낸 이야기에 대해 찬사를 보내고 별다른 의심 없이 받아들인다. 그것이 굳어지게 되면 강력한 믿음이 생성된다. 시간이 지나면 그 가설을 의심하는 행위조차 멸시의 눈으로 바라본다. 근거가 무엇이냐 묻는다면 무식한 놈이라 폄하하며 되레 화를 낼 기세다. 육회 비빔밥을 먹어 보자. 생고기 소화가 부담이 되는가? 생고기가 오히려 익힌 고기보다 위에 편안하다. 소화에 부담이 되는 이유는 많은 양을 급하게 섭취했기 때문이다. 생고기는 익힌 고기보다 연하기 때문에 오래 씹을 이유도 적다. 맹수들의 이를 보더라도, 어금니보다 송곳니가 더 발달해 있다. 오래 씹는 것은 오히려 초식동물의 습관이다. 어금니는 초식동물이 주로 사용하며 초식동물에게 더 발달해 있다.

구석기인은 나무뿌리, 단단한 열매, 질긴 풀을 오래 씹는 행위를 줄이고 많이 씹지 않아도 위에서 부담을 덜 느끼며 많은 에너지를 제공하는 구운 곤충과 단백질 섭취를 늘림으로써 어금니와 턱 근육의 사용을 조금씩 줄였을 것이다. 불의 활용은 먹을 수 있는 것을 2배 이상으로 늘려 주었다. 훈제를 통해 고기의 저장 기간을 늘릴 수 있었으며, 과거에는 먹을 수 없던 것도 불에 구워서 먹을 수 있게 되었다. 식량 자원이 늘어나는 것은 인구의 증가를 의미한다. 식량의 안정적 확보는 사회 집단이 커질 수 있는 기반이 된다. 집단이 커지면 역할이 분할되고, 언어가 맞물려 발달한다. 집단 내에서 계층과 계급이 형성되기 시작한다.

수렵과 채집으로 살아가는 집단의 규모는 한계가 있다. 100~200여 명이 넘는 많은 인원이 모여 사는 경우에는 쉽게 식량 부족에 이른다. 변화는 새로운 선택을 요구한다. 선택할 수 있는 방법은 적은 식량으로 어떻게든 살아가거나, 적은 식량으로 살다가 사냥과 채집의 장기간 실패로 굶어 죽거나, 집단을 분할하고 살기 위해 새로운 땅으로 떠나는 방법이 있었다. 4~5만 년 전 많은 구석기인이 전 세계로 삶의 터전을 급속히 확장하게 된 이유는 단위 면적의 땅에서 수렵으로 살아갈 수 있는 인구의 한계에 봉착했기 때문이다.

불과 도구의 사용으로 더 이상 맹수에 대한 두려움에 떨지 않아도 되었다. 추위에 대해 이겨낼 자신감은 인류를 이동시켜 온대와 한대 지방까지 점령하게 만든다. 구석기 시대 전체 2백만 년에 비하면 아주 짧은 기간이다. 그러나 1만 년 이상의 긴 시간 동안 조금씩 인구 증가와 집단의 분할을 통해 삶의 터전을 넓혀 간 결과이다.

사회 집단의 규모가 커지면 사냥과 채집의 효율성과 안정성이 증가해야 한다. 지속적이고 안정적인 식량 자원의 확보가 최우선 과제이다. 동물을 사냥하는 것은 한계가 있다. 운이 좋게 동물들을 떼로 몰아서 다량의 식량을 확보했다 하더라도 한두 번이다. 거대한 맘모스 같은 동물은 많은 인원이 사냥할 만한 가치가 있었을 것이다. 수백 명이 일주일, 한 달은 거뜬히 먹을 만큼의 단백질을 제공해 준다. 하지만 문제가 발생한다. 너무 많은 사냥으로 맘모스가 멸종한다. 동물 사냥은 어느 수준을 넘어서면 고갈되는 문제가 발생한다. 유발 하라리는 저서『호모 사피엔스』에서 3~4만 년 전 인간에 의해 여러 종의 동물이 지구상에서 종적을 감춘 사실을 설명하고 있다. 맘모스 사냥으로 번창했던 집단은 일시에 위기를 맞고 굶어 죽거나 다시 새로운 땅으로 떠나야 했다. 이 기간 동안 인류는 새로운 삶의 변화에 적응하기 위해 배와 활이라는 도구를 만들어 내기도 한다.

이제 인간은 생태계의 최상위 존재로 확고히 자리 잡았다. 더 이상 맹수는 인간에게 위협이 되지 않는다. 인간에게 위협은 인간 스스로일 뿐이다. 타 부족과의 충돌과 마찰을 피할 수 있는 최선의 방법은 월등히 많은 수의 인구를 기반으로 작은 부족을 흡수하고 더 많은 인구를 수용할 조건을 갖춘 터전을 찾는 일이었다.

비옥한 강가는 누구에게나 많은 식량을 제공한다. 강에 물을 마시러 오는 동물을 사냥할 수 있다는 이점과 물고기를 잡는 것 이외에도 강가와 얕은 물에 널려 있는 골뱅이, 다슬기, 조개 등 작지만 풍부한 단백질 자원을 제공한다. 불의 활용은 이런 식량 자원들을 익힘으로써 먹을 수 있는 범위를 더욱 확대시켰다.

그런 생활을 이루던 중, 강가에 널리 퍼져 있는 밀이라는 식물에 눈을 뜨게 된다. 아주 작지만 다량으로 모으면 충분히 식량 자원이 될 수 있다는 것을 경험했을 것이다. 불에 그을린 밀밭에 새 떼가 수없이 모여 무언가 먹고 있는 것을 목격하고 식량화를 시작했을지도 모른다. 밀과 같은 곡식은 겉껍질 때문에 바로 먹을 수는 없다. 하지만 빻아서 물에 젖은 상태로 두면 발효되어 부피가 커진다. 이를 불에 구우면 구수하고 단맛을 주는 빵이 된다. 소량의 축적도 대단한 힘을 발휘한다. 밀알을 모아 보면 상당량의 식량이 될 수 있다. 무엇보다도 고기와는 달리 지속적인 보관이 가능하다. 쉽게 상하지 않고 지속 보관이 가능하다는 것은 식량 확보의 지속성을 보장한다.

밀의 수확을 통해 안정적인 식량 자원 확보의 믿음을 얻었다. 밀의 씨앗을 모아 강가의 비옥한 토지에 뿌려 놓으면 밀집된 장소에서 상당량의 식량 확보가 가능했다. 더 이상 사냥감과 열매의 고갈로 다른 지역을 찾아다니는 떠돌이 생활을 하지 않아도 되었다. 강가에 정착된 마을을 이루고 농업을 시작한다. 집단적 생활 터전 이동으로 수반되는 타 부족과의 갈등 위험이 사라진다. 정착 생활은 출산과 육아를 더욱 용이

하게 한다. 안정된 식량의 확보와 정착은 인구를 더욱 가파르게 증가시켰다.

많은 인구가 집단 생활을 하면서 커다란 사회 구조를 이루기 시작한다. 집단 내 서열과 위상에 따른 계급이 발생한다. 구석기 시대에는 부족의 우두머리와 사냥에서 가장 앞에 서는 젊은 용사면 충분했다. 그러나 수천, 수만 명이 사회를 이루는 경우 사회의 질서를 유지하고 제어할 수 있는 권위와 힘이 필요하다. 다른 사람을 제압할 수 있는 힘의 서열 이외에도 필요한 것이 있다. 밀 농사를 위한 적당한 햇빛과 가뭄을 해소하는 비를 기원하는 일이다. 해, 하늘, 그리고 비옥한 토지가 만들어 내는 알 수 없는 작용은 인간이 통제할 수 있는 권한 밖의 범위이다. 어떤 하나라도 넘치거나 부족하면 식량의 수확량이 줄고, 식량 부족으로 사회 전체가 고통을 겪어야 했다. 수만 명 이상의 사회는 수렵, 채집 시절처럼 가볍게 사회 전체가 이동할 수는 없다. 식량의 부족은 사회 내부적으로 커다란 갈등과 고통을 수반하는 두려움의 대상이 된다.

사자, 늑대 등의 맹수에 대한 본능적 두려움은 사라지고 태양과 하늘이라는 커다란 존재에 대한 두려움이 시작된다. 불가항력적인 존재에 대한 두려움은 교묘하게 포장된다. 인간의 능력을 초월하는 힘에 대해 신이라는 믿음을 만들기 시작한다. 그리고 그 신에게 제사 지내고 대화를 하는 인간이 사회 최고 권위를 차지한다. 그 권위자는 힘 있는 용사들을 지배하여 사회를 통제하고 다스린다. 맹수와 사냥감을 향했던 용사들의 창과 칼은 같은 종족인 인간에게 향하기 시작했다. 집단의 통합은 더욱 사회의 크기를 키우고 이에 따라 권력의 힘은 더 강해졌다.

수렵, 채집 생활은 녹록하지도, 낭만적이지도 않다. 가뭄이 지속되면 집단 전체가 굶어 죽거나 풀뿌리로 겨우 생명을 유지해야 할 수도 있다. 나일강을 따라 아프리카 대륙의 북부에 이르면 신의 아들이 지배하는 천국의 땅이 존재한다. 수십, 수백만의 사람이 모여 살고 있으며 밀이라는 것을 재배하여 항상 빵을 먹을 수 있는 세상이다. 이런 소문은 굶주림을 겪은 부족민들에게 꿈과 같은 이야기이다. 그 꿈을 찾아서 대륙의 수많은 인구가 나일강 유역으로 몰려들었다. 마치 현대의 중미와 남미 대륙에서 경제적으로 고통받는 사람들이 목숨을 담보로 미국으로 향하는 모습과 유사하다. 최소한의 삶을 위해, 그리고 그 속에서 찾을 수 있을지도 모르는 기회를 찾아 떠난다.

인구의 자연 증가와 더불어 몰려드는 사람에 의해 사회는 더욱 거대해진다. 통치자의 권위와 신에 대한 믿음은 점점 강해졌다. 그 믿음은 두려움이라는 영양분을 받아 더 단단하게 굳어진다. 마침내 통치자 파라오의 믿음은 죽음과 바꿀 수 없을 정도로 강력하게 된다. 사후세계에 대한 믿음을 만들어 내고, 태양의 강렬한 힘과 죽음의 저주를 교묘히 포장한다. 그리고 그 믿음의 힘은 다시 신에게 도전하듯이 피라미드를 더 높게, 더 크게 건설하기 시작한다. 믿음의 힘이 얼마나 큰 일을 해낼 수 있는지 역사가 남겨준 증거이다.

그 과정에서 이전 사회에서는 경험하지 못한 놀라운 협업 시스템이 이루어진다. 원대한 상상력과 믿음, 권위, 그리고 인간의 탐욕이 만들어 낸 인류 문명의 커다란 유물은 사회 체계와 기술의 발전을 남겼다. 나일 강의 비옥한 토지를 기반으로 농업이 체계적으로 발전한다. 조직적으로 씨 뿌리고, 수확하여 제분하고, 공기와 물의 힘을 이용하여 반죽을 부풀리고 화덕을 만들어 구웠다. 빵의 기원이다. 빵을 기반으로 사람들에게 식량을 배분하는 체계가 만들어졌으며 이 일련의 생산, 제조 과정은 성스러운 그림 형태로 고분 벽에 그려졌다. 불을 대표하는 태양신의 권한을 받은 파라오가 지배하는 세상은 로마 제국이 세워질 때까지 만년 이상 지속되었다.

3. 믿음의 붕괴

로마는 하루아침에 세워지지도, 붕괴되지도 않는다

성서 1편 창세기 끝 부분은 야곱과 12명의 아들이 고향인 이스라엘의 가뭄을 피해 애굽(이집트)으로 와서 사는 이야기로 마무리된다. 굶어 죽지 않기 위해서 비옥한 나일강 유역으로 이주해 온 이민자의 삶이다. 고도의 농경 사회를 이룬 나일강 유역으로 세상 사람들이 몰려든 모습이다. 애굽에서 이방인으로의 삶은 피라미드 건설 또는 그 기반 체계를 위한 노동자 역할이었다.

애굽의 왕은 늘어나는 이민자에 의해 지배계급이 위협받기 이르렀다고 생각하며 두려움을 느낀다. 두려움은 인간을 참혹한 판단으로 이끌기 쉽다. 애굽의 왕은 더욱 가혹하게 이민자를 대했고, 그럴수록 이방인들의 살고자 하는 의지는 더욱 강해진다. 급기야 애굽 왕은 사내아이를 모두 죽이는 참혹한 일을 저질렀다. 그 난리 속에 한 아기가 바구니에 실려 나일강에 버려진다. 모세 이야기이다. 모세가 이민족을 이끌고 이집트를 탈출하는 과정이 창세기에 이은 성서의 두 번째 편 출애굽기이다.

출(出)애굽기는 기원전 1250년경 이스라엘 민족이 이집트 노예 생활을 버리고 애굽(이집트)에서 벗어나는 대탈출의 기록이다. 굶주림을 피해 나일강 유역으로 이민 온 노동자의 삶은 자유를 잃어버린 노예의 삶이었다. 비록 빵을 공급받지만, 한번 잃은 자유는 되돌릴 수 없었다. 지배계급의 믿음과 칼의 힘에 종속되어 밤낮으로 일해야만 했다. 과거 선조들과 같이 넓은 지역을 자유롭게 돌며 사냥을 하거나 양을 기르고, 열매와 과실을 따는 생활은 달콤한 꿈에 불과하다. 자본에 종속되어 자유를 회사에 반납하고 생계의 대가를 챙기는 현대인 삶의 모습과 별반 다르지 않다.

피라미드 건설은 애굽의 왕에게 사후 영원히 머무를 수 있는 안식처 마련이라는 믿음과 꿈을 의미한다. 반면 하층의 노동자에게 피라미드 건설의 의미는 다르다. 생계를 위해 노동을 제공하고, 배급받는 빵 한 조각이 걸려 있는 교환 수단으로서의 직업을 의미한다. 현실을 피해 도망가고 싶지만, 가족을 데리고 황량한 사막을 건너서 있을지도 모르는 기름진 빈 땅을 찾아 헤매는 것은 죽음을 무릅쓰는 일이다. 대대로 살아온 방식대로 노예처럼 일하는 것 이외에는 선택의 여지가 없다.

역사적으로 동일한 일이 반복되다 보면 그 동일한 상황을 다르게 생각하는 사람이 생겨나기 마련이다. 피라미드 건설 준공 시점에 다다르면 노동 계층이 술렁이기 시작한다. 준공은 일거리가 없어짐을 의미한다. 더 이상은 노동력이 필요 없어진다. 지배계급 입장에서 빵을 지급할 이유도 없어진다. 많은 노동자가 소리도 없이 영혼을 달래는 임무를 받아 산 채로 피라미드에 갇히거나 신에게 바쳐진다. 아마도 성서에서 이야기하는 애굽 왕의 명령, "사내아이를 모두 죽이라"는 것은 이를 빗대어 기술한 것으로 추정할 수 있다. 아무리 비밀리에 진행한다 하더라도 소문은 빠르게 전파된다. 인간은 죽음이 확실한 상황에 이르면 죽음을 두려워하시 않게 된다.

애굽 대탈출이 이루어진다. 탈출에 성공한 사람들 소식이 전해지면서 그 이탈의 속도는 가속화된다. 오늘날 자유를 찾아 탈출하는 난민의 상황은 이와 유사하다. 자유를 잃고 어렵게 살아가는 것보다, 다른 나라로의 도피를 통해 새로운 기회를 찾는 것이 유리하다고 생각하기 때문이다. 난민이 일자리를 구할 수 있고, 일정 기간이 지나면 시민권 획득의 기회를 얻을 수 있으며, 노력하면 큰돈을 벌 기회가 열려 있는 국가는 당연히 선망의 대상이 된다.

거대한 이집트 문명도 노동 계층을 이루는 사람들의 이탈이 시작되면서 국가 기반이 흔들리기 시작한다. 농경 사회에서 노동 인구의 감소는 수확의 감소와 세수의 감소를 의미한다. 이집트 주변 국가로 도피한 사람들이 그 땅에서 잘살 확률이 높을수록, 자유를 반납한 대가로 무한한 노동을 제공해야 하는 이집트는 더 이상 희망의 땅이 아니게 된다.

항상 새로운 기술과 도구는 널리 전파된다. 밀의 재배 기술도 조금씩 이웃 지역으로 전파되었다. 굳이 나일강의 범람과 비옥한 토지에 의존하지 않아도 밀 재배가 가능하게 된다. 이제 어느 지역에서나 밀 농사가 가능해졌다. 한편, 기후의 변화로 나일강 유역에서는 잦은 가뭄이 발생한다. 이와 더불어 이집트 관리 계급의 부패 및 조세 수입의 감소로 국가 재정이 불안해지고 이집트는 몰락하기 시작한다. 역사적으로 한쪽이 무너지면 다른 한쪽에서 새로운 성장의 시기를 맞는다. 태양의 아들이 다스리던 이집트는 몰락하고, 지중해 연안의 패권을 장악한 로마 제국의 번성이 시작된다.

이제 전 세계적으로 농경 사회가 정착되었다. 농경을 통한 안정된 식량 확보는 세계 곳곳의 인구를 증가시켰고 사회 규모는 더욱 커졌다. 태양신이 이끄는 나라의 몰락은 태양이라는 절대적인 믿음이 약해짐을 의미한다. 하늘, 비, 바람, 번개, 달, 대지, 물, 나무 등 인간의 삶에 영향을 미치는 다양한 힘에 대해 눈을 뜨게 된다. 그런 인식의 확장과 함께 자연스럽게 믿음에 대한 영역도 확장되었다. 신의 존재가 늘어나기 시작한다. 그 신들은 인간처럼 실수, 사랑, 질투, 시기를 일삼는 존재로 바뀐다. 태양신의 강력한 통치와 권력이 사라진 그리스와 로마 시대의 자유분방하고 인간적인 신이다.

로마 제국 시대에는 신이 더욱 늘어난다. 개방적 성격의 로마 사회에서 동서양의 문화가 어우러졌기 때문이다. 통치와 권력의 힘은 신에 대한 두려움이 아니라 황제의 군대에 의해 만들어졌다.

로마 제국은 민족, 지역, 피부색에 상관없이 황제의 군대에서 일정 기간 복무를 마치면 로마 시민권과 전쟁의 승리를 통해 얻은 농지와 재화를 퇴직금으로 나누어주었다. 전쟁 승리에 따른 제국의 확장은 더 많은 퇴직금을 의미했다. 이런 제도를 바탕으로 로마 제국은 조그마한 도시국가에서 유럽 전역과 북아프리카, 중동, 서아시아 지역에 이르는 대제국을 건설한다. 세력이 강해지면 강해질수록 전쟁에서 더 많이 승리했고, 승리한 지역에서 확보되는 세수, 토지, 노동력의 자산은 로마를 더욱 부강하게 만들었다.

황제는 신에 대한 두려움에 의지할 필요가 없었다. 두려움을 교묘히 이용해 권력을 유지할 필요도 없었다. 신은 전쟁의 승패를 예측하고, 출전 길일을 택하는 점을 치는 데 활용되면 충분했다. 영리한 지휘관은 점의 결과가 자신에게 유리하도록 미리 제반의 조치를 취할 수도 있었다. 전투 전날 아군의 깃발 위에 독수리가 날고 있다면, 독수리를 길조로 삼아 전쟁을 승리로 이끌고 독수리를 신으로 받들었다. 신은 상황과 필요에 의해 얼마든지 만들어졌다.

전쟁터와 거리가 먼 로마 시내의 귀족은 심지어 빗자루를 신으로 여기기도 했다. 원형 경기장에서 벌어지는 검투사 경기에 대한 승패 예측을 빗자루의 신에게 물었다. 승률이 높아 많은 돈을 따는 경우 더욱 신성시된다. 승률이 낮은 경우는 신이 영험한 능력을 잃고 잠시 쉬는가 여기면 된다. 그래도 마음이 안 내키는 경우 새 빗자루를 사서 다시 시작하면 된다. 신의 쓰임이 바뀐 것이다.

호머의 시에서 보여주듯이 신은 여행, 모험, 시기, 질투, 사랑하는 존재로 바뀐다. 인간의 마음을 대신하는 아바타와 같은 존재이다. 인간은 신을 이용하여 사랑을 나누고, 때론 사랑하지 말아야 할 대상인 신과 사랑하는 이야기를 만들어 냈다.

다양한 신을 만들면서 인간의 의미와 자연에 대한 본질이 무엇인지를 질문하기 시작했다. 물질과 생각과 삶에 대한 질문이다. 서양 철학의 탄생이다. 철학은 생각에 대한 기록과 교환을 통해서 발달한다. 고대 언어의 그림, 기호는 문자 형태로 다듬어지고, 체계화된다. 막연한 구전을 통해 정보를 전달하던 시대를 지나, 기록을 통해 인식을 구체화하고 명확하게 하기 시작한다. 사물과 현상을 좀 더 객관적으로 관찰하고 이해함을 의미한다.

자연에서는 꽃이 활짝 피고 만개한 풍경의 아름다움을 찾아볼 수 있다. 꽃이 지는 아쉬움이 지나면 작은 열매가 맺히고 과실에 대한 기대는 마음을 설레게 한다. 따뜻한 햇빛과 양분을 머금고 커다란 열매로 결실을 맺는 기쁨을 준다. 결실의 기쁨은 오래 지속되지 않는다. 시간이 지나면 부패하고 썩기 시작한다. 파리와 구더기가 아름다움을 대신하는 시간이 찾아온다.

로마 제국은 결실의 기쁨을 만끽하던 시기를 지나 부패와 탐욕이 가득한 시기에 도래한다. 인간 마음속에 존재하는 탐욕과 사악함을 이해하고, 윤리와 계율을 가르친 신이 있었다. 그 신을 숭배하는 교회가 세력을 확장하기 시작한다. 로마 제국 말기는 철학적, 윤리적으로 길을 잃은 탐욕 가득한 인간과 이를 하느님의 이름으로 바로잡으려는 세력의 지루한 싸움이었다.

권력은 분리되었고 윤리와 도덕이 부족한 사회는 폭력과 암투의 불안 속에 휩싸였다. 로마 제국 말기에 황제는 빈번히 암살되고 교체된다. 정치, 사회적 혼란의 시기이다. 황제를 보좌하는 환관과 비밀리에 결탁한 분리 분파에 의해 황제의 생명이 좌지우지된다. 사회적 혼란은 사람들을 불안과 두려움으로 이끈다.

불안과 두려움을 잠재우기 위해서는 그것을 이겨낼 수 있을 만큼의 절대적인 믿음을 필요로 한다. 초기 미약했던 하느님의 말씀은 고대 수도사와 성직자 계급이 늘어남에 따라 문서화되고 체계를 이루었다. 기록되고 체계화된 믿음의 힘은 점점 강해진다.

이런 시대적 상황에서 콘스탄티누스 대제는 이를 정치적으로 십분 활용했다. 황제의 권위를 다시 확고히 하기 위해 교회를 공식적으로 인정한다. 313년 밀라노 칙령이 그것이다. 로마 시대의 문화는 내가 믿는 신 이외에 타인이 믿는 신에 대해서도 인정하는 포용적 문화였다. 그러나 교회를 공식화하고 교회법을 인정한다는 것은 새로운 의미를 지닌다.

성경의 첫 번째 계율은 하느님 이외의 다른 신을 일체 믿지 말라는 주문이다. 하느님을 믿게 되면 다른 신은 모두 인정되지 않는 논리적 구조를 지닌다. 그러나 하느님 이외의 권위를 인정하지는 않지만, 현실 세계에 존재하는 모든 권위는 신의 뜻에 따라 이루어지므로 그 현세의 권위에도 순종하는 것이 옳다고 사도 바울은 이야기한다. 이를 이해한 황제는 교회를 정치적으로 활용한다. 황제가 교회의 권위를 인정한다. 교회 내의 사법권 보장과 교회와 성직자에 대한 재산권을 보장한다. 그리고 교회의 주교는 황제에게 세례를 부여하고, 현실 세계에서 신의 뜻을 받들어 인간을 다스릴 권위를 인정한다. 권위를 인정받은 황제는 이런 방식을 통해 성직자들을 황제의 지지자로 만든다.

황제는 자신의 지위를 확고히 하고, 아들에게 권력을 세습하기 위한 작업을 서서히 진행한다. 교회에 대한 세금 면제 정책을 선언한다. 세금 면제 정책은 더 많은 로마의 원로와 정치인들을 교회의 품에 들어가도록 만들었다. 믿음의 깊고 얕음을 떠나서 영지에 대한 사법권 보장과 세금 면제는 무엇보다도 달콤했다. 오늘날에도 권력은 힘을 통제하는 사법권 획득, 경제를 좌우하는 세금의 우회, 그리고 욕심을 대대로 잇기 위한 세습에 가장 관심을 두는 경향이 있다.

로마는 아프리카 지중해 북부인 리비아, 이집트부터 프랑스, 영국, 독일, 이탈리아, 그리스, 터키, 우크라이나, 이란, 이라크, 사우디아라비아에 이르는 대제국을 이루고 있었다. 거대한 영토를 관리하는 것은 쉬운 일이 아니다. 로마의 정치 체계는 각 영토의 다양성을 인정하는 분권 자치 체제를 기반으로 한다. 로마 제국의 중앙정부가 탐욕과 타락으로 힘을 잃기 시작하면서 자치 체제는 분리되기 시작한다.

그 분리의 과정에서 유일신을 기반으로 한 믿음의 세력인 교회가 새로운 통합의 역할을 넘겨받게 된다. 국가와 정치를 초월한 믿음의 통합이다. 믿음의 힘에 의해 로마 제국은 붕괴하고 다양한 신에 대한 존재도 잊혀진다. 그리고 교회가 절대 권력의 중심이 되는 중세 시대가 시작된다.

4. 믿음의 함정

인류는 문명의 아침이라 부르는 2백만 년의 오랜 기간 진화한다. 그 끝 무렵에는 사회를 형성하고 농사를 짓기 시작했다. 2만 년간 강력한 태양신의 통치 아래에서 피라미드를 만드는 노동 속에 살던 사람들은 이집트를 탈출한다. 태양신에 대한 믿음이 약해지자 인간 스스로를 바라보며 그리스의 아름다운 문화를 만들기 시작했다. 로마 제국에 이르러 인간의 힘은 강해지고, 신의 힘은 약해진다. 신에 대한 믿음이 약해지고 부와 권력이 쌓이자 다시 탐욕과 도덕적 위기가 찾아온다. 제국은 분열되고 귀족들은 자신의 욕심을 채우기 바쁘다. 사람들은 다시 고통에 빠진다. 신의 부활과 계시를 통해 믿음을 쌓고 사람들을 구원하기 시작한 교회는 점점 세력이 강해진다. 로마 제국은 서서히 붕괴된다. 그리고 중세 시대가 시작된다. 중세는 유일신의 이름으로 세상을 다스리는 행복의 시대여야 했다. 하지만 우리는 이 시기를 암흑 시대라 부르고, 그 끝을 르네상스라는 부활의 시대로 이름 짓고 있다.

성서 창세기의 첫머리에 보면 "빛이 있으라" 했다. 태양을 불타오르는 두려움의 대상이 아니라, 세상을 밝혀주는 빛으로 인식함이다. 성서 첫머리에 세상을 밝게 하라 명령했음에도 불구하고, 무엇이 세상을 어둠으로 이끌었을까? 믿음의 함정에 빠졌기 때문이다.

교회는 성서 첫 명령을 무색하게 만들었다. 교회가 신을 대신하여 사람을 지배하기 시작한다. 신의 의지에 따라 세상을 다스리는 모습은 어떤 정치 체계보다 이상적이고, 인간에 대한 사랑이 넘쳐야 한다. 그러나 교회법은 엄했고, 사람들의 재산을 몰수한 교회는 부를 축적했다. 하느님의 성전을 짓고 교회를 이끄는 성직자들의 부속 활동에 화려하게 사용되었다. 실증될 수 없고 경험할 수 없는 믿음은 그 진실과 거짓을 구분하기 어렵다. 사람이 하는 일이기 때문이다.

교회 내부적으로 분열이 생기고 때로는 많은 피를 불러왔다. 내부의 분열을 해소하는 좋은 방법은 외부로 눈을 돌리는 일이다. 교회는 하느님의 이름으로 군대를 소집했다. 십자군이라 불리는 군대는 때로는 승리를 하고 때로는 패전했다. 잦은 패전은 사람들의 소중한 목숨을 대가로 치르게 한다. 아무리 강한 믿음이라도 큰 대가의 지속은 의심을 불러일으킨다. 하느님을 의심하지 않더라도 수많은 목숨이 희생을 치르는 이유에 대해, 그리고 과거보다 더 굶주린 삶의 연속이어야 하는 이유에 대해 묻게 돼다. 전쟁에서 남편을 잃은 부인에게는 또 다른 위협이 찾아온다. 사랑하는 사람을 잃고 슬퍼할 겨를도 없이 마녀로 몰렸다. 여성의 사회적 지위가 인정되지 않던 시대에 과부의 재산은 누구의 것도 아니었다. 교회로 돌려졌다. 엄숙하면서도 찬란한 교회 문화는 그렇게 천 년간 이어진다.

그 천 년의 끝자락에 새로운 변화가 찾아온다. 14세기 동유럽과 인도의 경계에 있던 강력한 오스만투르크 제국이 인도 교역로를 끊어버린다. 유럽에서는 향신료 수입이 막혔다. 향신료 가격은 천문학적으로 치솟기 시작한다. 유럽의 귀족들은 향신료 수입을 위한 교역로가 절대적으로 필요했다. 막힌 육로의 대안은 바다이다. 바닷길 개척은 배의 제작, 항로 설계, 운항, 그리고 위험에 대한 자본 투자 기술의 혁신을 요구했다. 그동안 주로 배를 띄웠던 지중해는 허리케인이 없는 육지에 둘러싸인 잔잔한 바다이다. 대서양의 바람과 파도는 지중해와는 차원이 다르다. 지구는 평평하기 때문에 먼바다로 나가면 떨어져 죽는다는 신념에 의문을 제기하기 시작한다. 먼바다에 대한 두려움을 뚫고 바닷길을 개척하기 시작한다. 신에 대한 절대 믿음에 의지하고, 신만 바라보며 살던 사람들의 인식이 바뀌기 시작했다. 더 넓은 바다로 눈을 돌리고 새로운 길과 땅을 찾아나선다.

인도로 향하는 바닷길 개척에 성공한 사람들에게는 황금보다 귀한 향신료가 주어졌다. 배 하나에 실려 온 향신료는 도시의 경제를 흔들 정도로 강력했다. 천 년을 억누르고 있었던 사람들의 마음에 변화의 단초를 제공한 것은 향신료라는 고가의 물질이다. 이제 물질과 자본은 닭과 달걀의 관계처럼 낳고 품어 주기를 반복하며 사회를 새로운 방향으로 변화시킨다.

변화는 기회를 가져온다. 믿음의 방향 전환은 그동안 신의 권력에 숨죽이며 살아온 왕과 귀족에게 새로운 세상을 일으킬 기회였다. 반칙과 변칙을 서슴지 않는 왕과 귀족들은 신에 대한 믿음과 윤리가 강한 교회 대신 자본의 힘과 결탁했다. 그리고 신에 의해 정해졌다고 전해 온 교회의 규율과 법을 다시 바라보기 시작한다. 자유로운 사상을 배경으로 하는 그리스 시대 신화와 철학, 건축의 문화가 꽃피고, 타락한 교회에 대한 반성의 목소리가 터져나온다. 바닷길이라는 물리적인 분야의 개척과 더불어 르네상스와 종교 개혁은 새로운 시대를 이끈 정신적 개척자였다.

신에 대한 믿음이 흔들리면서, 철학이라는 이름으로 인간과 사회, 자연을 다시 해석하기 시작한다. 사람들의 믿음은 교회라는 닫힌 공간과 시간 속으로 갇히기 시작한다. 대신 과학이 수학, 의학, 물리학, 생물학 등의 이름으로 분화되어 발전하기 시작한다. 발전과 분화의 속도는 자본에 의해 더욱 가속되었다. 자본의 힘은 과학기술 발달의 촉매가 된다. 그 이후에는 어느 누구도 이를 통제할 수 있는 힘을 쥐지는 못한다. 현대에 이르러서도 과학과 기술이 인류를 이끄는 것인지, 인간이 과학과 기술을 발달시키는 것인지 헷갈릴 정도로 빠르게 변하고 있다.

신에 대한 믿음이 약해지면 무엇이 그 자리를 대신 채우고 사람들을 이끄는가? 강한 믿음은 우리의 어떤 부분을 채우고 하나로 뭉치게 만드는가? 삶의 방향을 제시해 주는 믿음을 대신할 수 있는 것은 무엇일까? 믿음은 항상 우리를 올바른 방향으로 이끌어 왔는가? 신에 대한 믿음이든, 개인의 가치관을 기초로 한 믿음이든 이 책을 이해한다면 그 답을 스스로 찾을 수 있으리라 기대한다.

우리의 삶이라는 여정은 그렇게 단순하지 않다. 깊이 파인 곳 위에 썩은 가지가 얹혀 있고 나뭇잎으로 그 어둠을 가린다. 삶이라는 여정에 함정이 존재한다. 그곳을 지나가는 사람은 함정에 빠지기 쉽다. 파인 깊이에 따라 죽거나 다치는 정도가 다를 것이다. 영영 나올 수 없는 상황에 처하기도 한다. 함정은 알 수 없는 요인에 의해 깊은 틈이 생긴 곳이다. 누가 일부러 파 놓았을 수도 있다. 빈 공간은 어떤 요인에 의해 가려진다. 함정을 알 수 없도록 흐릿하게 만드는 무엇이 존재한다. 인생이라는 길도 유사하다. 한두 개의 구덩이가 아니라, 길 자체가 미로 같은 함정일 수도 있다. 우리 스스로 커다란 함정을 조금씩 만들고 있는지도 모른다.

함정에 빠지면 다치거나 당황하게 된다. 객관적으로 상황을 인식하고 대처하기 어렵게 된다. 당황한 마음으로 급하게 발버둥치다 힘을 소진하고 체념한다. 갇힌 것이다. 그러면 함정을 100% 나쁜 것으로 생각해야 하는가? 함정이 없는 세상이 존재할 수 있을까? 함정은 자연스럽게 형성되기도 하며, 누군가 일부러 만들기도 한다. 함정에 빠지지 않기 위해서 스스로 흐릿한 상황을 조심하고 주의하는 것이 최선이다. 혹시 빠지더라도 당황하지 않고 상황을 객관적으로 인식해야 한다. 함정에 빠짐과 동시에 그 황당한 감정에 사로잡혀 나를 올바로 이끌지 못하는 어리석음을 경계해야 한다. 현재 상황에서 최선이 무엇인지 인식하고, 침착하게 닫힌 공간을 우회하여 나오는 것이 현명하다.

주위 환경과 상황은 내가 통제할 수 있는 대상이 아니다. 세상 모든 일을 이해하고 대응하는 것은 불가능하다. 믿음은 내 마음의 영역이다. 마음을 바꾸면 세상의 5가지 영역(五蘊) 중에서 4가지 영역이 변한다. 주위 환경과 사건을 받아들이는 감성이 바뀌고 생각하는 방법이 달라진다. 행동이 달라지며 기존에 알고 있던 앎에 대한 이해와 해석 또한 바뀐다. 세상을 바라보는 시각의 4/5만큼 달라지는 것은 완전히 다른 사람이 되는 것이나 다름없다. 모든 것은 마음먹기에 달려 있다(一切唯心造)는 것이 믿음의 속성이다.

5. 코드의 오류

오류를 지닌 코드는 함정과 유사하다

역사에 대한 해석과 가치는 시대에 따라 달라진다. 역사적 사실이 달라진 것도 아닌데 우리가 바라보는 관점과 그것에 대한 가치를 다르게 평가하기 때문이다. 때로는 고구려의 대륙적 기질과 자주성에 무게를 두고, 때로는 신라의 정치적 능력과 통일에 의미를 더 부여한다. 때로는 고려의 불교 문화를 예찬하고, 한편으로는 조선의 유교 정신을 강조한다. 가장 최근까지 문화를 이어받아 우리의 정체성을 형성하고 있는 시대에 대한 평가는 더욱 부풀려질 수도, 더욱 질타를 받을 수도 있다. 역사를 바라보는 방법은 개인의 자유이다. 하지만, 특정한 관점을 강요하다 보면 다른 부분이 희미하게 변한다. 희미해진 부분에 빛을 비추어 밝히는 노력을 하지 않는다면 인식 속에서 사라지고 잊혀진다. 역사를 통해 우리가 얻는 것은 잘한 일에 대한 포장과 찬미보다 그 일을 통해서 무엇을 교훈으로 삼아야 할지 연구하고 이해의 노력을 잃지 않아야 한다는 점이다.

그런 관점에서 조선의 건국 과정에 내세운 기치는 그다지 반갑지 않은 부분이 있다. 한때는 건국과 동시에 경국대전이라는 법전을 만든 법치 국가로, 유교의 체계를 기반으로 나라를 다스린 도리에 밝은 국가로 조선을 화려하게 포장한 적이 있었다. 법전을 만들어 문서화한 치적과 타락한 불교의 세력을 타파하여 어지러운 나라를 바로 세운 국가로 치장한 역사관이다. 하지만 조선의 건국 과정에는 국가 정체성 관련 기본 코드에 치명적 함정이 존재한다. 조선을 독립 국가가 아닌 천자의 제후국으로 종속한 사항이다. 이로 인해 천자의 신하국으로 예를 다해야 하는 주종 관계를 인정하고 스스로 이에 대한 실천을 강요했다. 기본 코드인 조선경국전의 첫째 장, 정보위(正寶位)부터 단추를 한 단식 밀려 잘못 채운 것과 같다. 현대의 국사편찬위원회는 이 과정에 대해 두루뭉술하게 설명하느라 바쁘다. 우리의 과거는 항상 옳아야 하는가? 미흡한 부분이 발견되면 안 되는가? 미흡한 부분은 애써 흐릿하게 삭제하고 좋은 부분만 강조해야 올바르게 역사를 전달하는 일인가? 원문을 5분만 읽어 본다면 한자를 조금이라도 아는 사람이라면 이해할 수 있는데도 어둡게 가리고 흐릿하게 만들기 바쁘다.

사건의 나열과 드라마틱한 상황을 극적으로 묘사한 이야기를 학교에서 가르치고, 시험에 많은 배점을 부여한다. 은연중에 학생들을 그런 시나리오 기반의 역사관에 젖어들게 한다. 문제에 대한 의문을 갖고, 반론을 제기하며, 이에 대한 자료를 찾아서 학습하고 토론을 통해 이해를 수정하고 조율하여 정리하고, 인식을 같이하는 과정은 교육에서 사라진 지 오래다. 사회가 토론과 조율, 절충, 인정, 포용의 문화를 점점 잃어 가는 이유인 듯하다. 토론과 연구의 자유가 주어져 있는 학계에서도 조금만 자신의 관점에서 벗어나면 시기와 질투의 야유를 보내는 사람이 늘어 가는 것도 아쉬움을 더한다.

조선왕조 5백 년 동안 정체성의 첫 단추를 잘못 채운 대가를 크게 지불했다. 기본 코드의 오류는 사람들을 혼란에 빠지게 한다. 국가가 바라보는 방향에 있어서 서민보다는 황제를 위시한 상위를 바라보도록 이끌었다. 국난의 시기에도 자주적인 생각보다 황제의 나라에 의지하려는 세력이 오히려 힘을 얻는다. 기본 코드가 그렇게 이끌기 때문이다. 국가의 힘을 기르고, 정치를 바르게 이끌고자 하는 소수는 충성과 의(義)가 부족한 사람으로 몰리기 쉬웠다. 명나라가 무너지고 청나라가 세워졌을 때에도, 일본이 전국을 하나의 체제로 통일하고 조총으로 무장하여 임진년(1592년) 한반도에 쳐들어왔을 때에도 지도층은 국가의 정체성과 상황을 이해하지 못했다. 서로 헐뜯고 자신들의 이익 챙기기에 바빴다.

약 3백 년 후 조선 말기에는 그 깊은 함정에 빠져 헤어나지 못하는 모습이었다. 주도권을 쥐고 있는 귀족 계층은 깊은 구덩이 밖을 보려고 하지도, 소리 내어 도움을 외치는 노력도 잃어버렸다. 함정은 점점 더 깊이 꺼져 내려가서 급기야 일본에 국권을 넘겨주고 끝도 없는 추락의 길로 들어섰다.

빼앗긴 자유의 대가는 서민들이 피와 눈물과 고통으로 치러야 했다. 자유의 대가를 고통으로 대신하고 독립의 필요성을 이해하기 시작한다. 선각자들은 무엇에 항거하고, 무엇을 다시 찾아야 하는지 이해하기 시작했다. 꺼져 가는 국가의 생명력은 1919년 3월 1일 온 국민이 들풀같이 일어나 독립을 외친 사건을 계기로 다시 불타오르기 시작했다. 그 생명력이 의지가 되어 자유, 민주, 평화가 대한민국 임시정부 설립 이념의 기반 코드로 정의되었다. 그리고 그 내역을 기초로 대한민국 헌법이 만들어진다.

6. 코드의 뒤바뀜

역사의 흐름 속에서 인간이 만든 코드가 뒤바뀐 여러 사건을 찾을 수 있다. 그중 하나는 1844년 파리의 한 카페인 레장스에서 독일의 철학자 칼 마르크스와 경제학자 엥겔스가 만났던 일이다. 둘의 만남은 정치와 철학, 경제에 대한 서로의 생각을 묶어주는 계기가 되었다. 이 만남이 계기가 되어 인간의 의식을 통해서 존재가 좌우된다는 헤겔 사상을 추종하던 마르크스의 신념이 180도 뒤바뀐다. 자본의 힘에 의해 인간이 지배되고, 자본의 노예처럼 살아가는 노동자의 인간 존엄성 상실 과정을 지켜본 마르크스에게 경제, 정치에 대한 연구 활동은 새로운 코드를 작성하도록 이끌었다. 헤겔 사상의 앞과 뒤를 뒤바꾼 코드이다. 실존적 물질에 의해 인간의 의식이 지배된다는 유물론이다.

근대에 이르러 서방 국가들은 경쟁적으로 식민지 건설에 열광했다. 자본의 힘과 결탁한 정치가들에 의해 사회는 더욱 탐욕스럽게 변했다. 식민지 노예로부터 1차 생산물을 수탈하고 자국 내에서는 공장에서 저임금 노동자를 활용해 2차 공산품 생산으로 자본을 쌓아 갔다. 중세 시대의 성스러운 코드는 자본에 밀려 평소에는 보이지 않는 교회로 사라졌다. 주말에만 잠시 들춰보는 신세로 전락한다.

19~20세기 정치와 경제, 자본의 조합은 인간을 더욱 탐욕스러운 방향

으로 이끌었다. 탐욕의 끝은 전쟁이었다. 거리가 먼 식민지 개척이 한계에 이르자 이웃 나라를 침범하기 시작한 것이다. 전쟁이 일어나면 군수물자 생산을 위한 공장 가동은 더욱 활발해진다. 서민의 삶은 전쟁의 공포와 먹고살기 위한 강압적인 노동과 맞물려 최악의 위기를 맞이한다.

이런 시대적 상황에서는 고대 그리스 시대부터 근대까지 연구되어 왔던 이데아, 관념, 존재, 실체의 근원에 대한 관심보다는 현실에 대한 돌파구가 더 환영을 받게 된다. 유물론은 자본에 의한 탐욕과 인간성 상실에 대해서 신랄한 비판을 가한다. 기존 질서에 대해 반기를 든 사람들에게 새로운 사상을 제공했다. 자본과 물질주의에 물든 서구 사회를 반대하는 국가들은 더욱 열광했다. 유물론에 기반한 사회주의 코드가 빠르게 전 세계로 전파되었다.

사회주의라는 코드는 그 개념 자체가 직관적이고 쉽다. 소유를 없애고 생산을 공평하게 나누자는 논리이다. 역사적으로 만들어 온 어떤 사상의 코드보다 단순하고 명확하다. 그렇기 때문에 1차, 2차 세계대전 이후 신생 국가의 사상 체계의 기초로 환영을 받았다. 다만 현실적으로 흐릿한 부분이 있다. 어떻게 실현할 것인가에 대한 방법론의 문제이다. 우리는 유물론에 기초한 사회주의 사상의 현실 적용 과정에서 발생하는 불합리성과 모순을 역사를 통해서 지켜볼 수 있었다. 인간은 기계가 아니며, 인간 사회는 무한한 복잡성을 지닌다. 국가를 이끄는 코드는 단순명료한 것만으로는 부족하다.

인간이 만들어가는 코드는 완벽할 수 없다. 이를 알면서도 완벽한 것처럼 포장하고 사람들을 이끌고 있다면 누군가는 빛을 밝혀 흐릿한 부분을 바로 볼 수 있게 해야 한다. 그렇지 않다면 함정에 빠질 수 있기 때문이다.

유물론적 사상의 맹점은 인간 본연의 의미를 잊고 있는 부분이 많다는 것이다. 부르주아 또는 프롤레타리아 계급 어느 부류라고도 할 수 없는 중간 지점의 사람도 존재한다. 반야심경에서 살펴보았듯이 물질계는 세상의 1/5에 불과하다. 그런 물질계가 사람의 마음과 생각과 행동, 그리고 앎에 대한 영역을 통제하고 다스리도록 설계한 사상의 코드는 취약함을 많이 내포하게 된다. 생각을 물질 기준으로 고정시키고, 행동을 과격하게 만드는 경향이 있다. 생각을 단순하게 만들어 행동을 기계적으로 이끄는 것은 인간 사회를 기계와 같은 체계로 운영하는 것과 다름이 없다. 인간 본연의 자연스러운 모습을 잊고 자본과 결탁한, 타락한 권력에 의한 노동자 수탈만 비판의 시선으로 바라본 사항이다.

마르크스의 사상을 무조건 금기하고 외면할 사항은 아니다. 그 사상이 주는 교훈을 이해해야 한다. 마르크스가 본질적으로 중요하게 생각했던 점은 인간의 자유이다. 마르크스가 생각했던 자유는 이중적 의미를 지닌다. 착취와 억압에 대한 자유와, 자신의 필요와 능력에 따라 일하고 살아갈 자유를 동시에 의미한다. 착취와 억압에 대한 자유를 다른 관점에서 해석해 보면 취약점이 없는 상태와 외부로부터 공격당하지 않는 군건한 상태를 의미한다. 자본과 권력의 힘을 기반으로 약자의 취약점을 이용하여 영향을 행사하는 사람들에 대한 경고이다.

구석기 시대부터 현대까지 인간은 취약점이 없는 상태 또는 외부에 영향을 받지 않는 군건한 상태로 존재한 적이 한번도 없었다. 신이 아닌 이상 누구도 그렇지 못함을 알고 있다. 사람은 태어날 때부터 자기 마음대로 원하는 환경과 조건을 선택하지 못한다. 갓 태어난 아기와 청소년은 성장한 어른과 비교해서 많은 취약점을 지닌다. 취약한 상태에서 성장하여 취약함을 보완하고 극복하며 사회 일원으로서 역할을 수행한다. 취약성을 지닌 가운데 서로 도움을 주며 사회를 이루는 것이 인간이 사는 모습이다.

그럼에도 불구하고 힘과 권력을 얻으면 약자의 취약점을 이용하여 탐욕을 채운다. 인간이 지닌 기본 코드의 오류 발생이다. 돈과 권력을 기반으로 한 탐욕이 코드의 오류를 이끈다. 이성을 흐리게 만들어 탐욕을 인식하지 못하도록 한다. 자유의 의미에 대해 내가 하고 싶은 대로, 또는 내 마음이 가는 대로 사는 것으로 잘못 인식함에 그 원인이 있다. 때로는 사람들의 살아가는 모습이 자유라기보다는 무책임 또는 오만에 가까울 때가 많다.

누구나 취약점은 가질 수 있다. 이를 인정하는 것이 우선이다. 그리고 약자의 취약점을 부당하게 이용하지 못하도록 경고의 시스템을 갖추어야 한다. 그리고 도덕과 윤리의식을 통해 자본과 권력을 가진 사람 스스로 함정에 빠지지 않도록 주의해야 한다. 함정에 빠진 후에 경계의 논리를 세우는 것은 늦다.

자본과 권력의 힘을 빌어 약자의 취약점을 이용해 착취하거나 강압적으로 자유를 빼앗는 사례는 언급이 불필요할 정도로 다양하다. 기업 간의 거래에서 어음 거래 관행이 대표적인 사례이다. 물건이나 용역을 받으면 대가를 지급하여야 하나, 다음 거래를 빌미로 대가 지급을 아무런 조건 없이 연장한다. 3개월 후 대가 지급하는 어음을 발행한다면, 3개월치 이자를 추가로 지급하는 것이 순리에 맞다. 현실은 다르다.

택배 노동자 문제도 취약점을 이용한 착취의 관점에서 바라보면 유사하다. 택배 노동자로 부르지만 정확히 분류하면 1인 사업자다. 법을 잘 아는 사설 변호팀으로 무장한 물류 대기업과 법과 절차에 취약한 1인 사업자의 거래에서 발생하는 착취와 강제의 상황이다.

기업들은 회사 내부 시스템뿐만 아니라, 물류 체계 관련한 회사 외부의 프로세스를 대기업에 유리하도록 설계해 놓았다. 회사 내 고용이 아닌, 1인 사업자로 유도하여 거래함으로써 법적인 제약을 우회할 수 있다. 1인 사업자이기 때문에 노력한 만큼(건당) 비용을 상계하는 방식으로 경쟁을 유도하여 결과적으로 비용을 절감할 수 있다. 경쟁 상황을 통해서 일정한 프로세스와 일을 1인 사업자가 대신하도록 만든다. 물건의 분류 작업을 떠넘기는 일이 이에 해당한다. 생계의 사활을 걸고 일거리를 얻는 사람들이 더 많은 배달량을 확보하기 위해 경쟁하는 것은 당연하다. 취약한 1인 사업자를 교묘히 경쟁 조건에 올려놓았다. 플랫폼 제공이라는 미명 아래 교묘한 상황을 만들고 있다. 그리고 1인 사업자에게 선택의 자유를 강제한 적은 없다고 주장한다. 싫으면 경쟁하지 말고 다른 일 하라는 논리이다. 상생과 배려는 찾아보기 힘들다. 마르크스가 지적했던 타락한 자본주의는 상생보다 취약점을 교묘히 악용하여 착취와 강제를 일삼는다. 그럼에도 법을 위반한 사항은 없기 때문에 오히려 당당하다. 플랫폼은 그 이용자들 모두가 그 기반을 통해서 도움을 받는 형태가 바람직하다. 커다란 플랫폼을 만들어 놓고 만든 사람만 생색을 내고 만든 사람에게만 이익이 되는 형태라면 설계 과정에 중요한 부분이 빠진 것이다.

　사회에서 타인의 자유와 권리를 침해하지 않기 위한 최소한의 코드가 법이어야 한다. 최선의 코드가 법이 되고, 법으로 모든 것을 해결하려는 자세는 오히려 법을 우회하는 연구를 유도한다. 모든 것을 코드화하고, 모든 것을 코드에 의존하려는 생각은 물질 문명에 우리가 지배당하고 있음을 의미한다. 코드의 쓰임이 뒤바뀐 모습이다. 사회 여기저기에서 동반 상생이라는 구호를 쉽지 않게 들을 수 있다. 그 구호가 거짓되지 않고 진실한 외침이라면 그 외침의 소리만큼 우리 사회가 올바른 방향으로 향하고 있음을 의미한다.

7. 취약점

우리는 무엇에 취약하고, 무엇에 무너지는가?

세상은 끊임없이 변한다. 그 변화 과정에서 최대한 효율을 추구한다. 최소한의 노력으로 최대의 이익을 얻고자 하는 방향이다. 가급적 에너지 소모는 줄이고, 이익은 극대화하는 방향으로 행동한다. 나는 가만히 있으면서 이익은 극대화하려는 모습이다. 이 과정에서 문제가 발생한다. 주위가 나에게 이익이 되는 방향으로 움직이길 기대하기 때문이다.

사람의 뇌는 신체 질량의 2%도 안 되지만, 전체 에너지의 20%를 소모한다. 뇌의 에너지 소모를 줄이는 것이 인간의 활동 에너지 관리에 가장 효율적이다. 그래서 사람들은 대부분의 시간을 별 생각이 없이 살아간다. 익숙한 절차에 따라 관성에 의해 사는 것이다. 세상은 빠르게 변하지만 나의 에너지 소모를 최소화하는 행동 습관이다. 그렇지만 남들보다 더 많은 이익과 결실을 얻으려는 욕심은 앞세운다.

PIGS(포르투갈, 이탈리아, 그리스, 스페인)라 불리는 유럽의 일부 국가들이 복지 제도라는 미명 아래 국민에게 다양한 명목의 기금 제공을 남발하여 국가 부도의 위기에 처해 있다. 사람들을 변하지 않도록 하고, 사람들의 욕심이라는 입맛을 채워주는 갖은 수당을 남발한 결과이다. 가만히 앉아 있어도 국가가 생계와 수당을 제공해 준다. 이 얼마나 훌륭한 제도인가! 그 복지를 이루기 위한 비용 발생에 대한 것은 흐릿하게 가려 놓았다. 복지의 함정이다. 사람들을 더 좋은 방향으로 발전하도록 이끄는 것이 아니라, 노력하고 움직이지 않아도 되는 방향으로 이끌기 때문이다.

인간이 지닌 근본적인 취약점을 이용해 정치인들이 국민을 움직이지 않고 살찌우는 돼지 취급한 것과 같다. 그런 취급을 사람들이 좋아하고, 박수 치며, 지지의 표를 던진다. 눈앞에 주어진 이익에 이성이 흐릿하게 되어 자각 능력이 마비되었기 때문이다. 복지는 삶의 기초가 무너지거나 기본적 삶을 유지하는 데 긴급한 문제가 발생한 사람을 구하기 위한 노력이어야 한다. 정치적 지지와 박수가 기대된다면 국민들은 이를 먼저 경계해야 한다.

스스로 자각하는 능력을 잃기 시작하면서 사람들은 별 생각 없이 사회가 이끌어 주는 대로 다른 사람을 따라 행동한다. 시키는 대로 살아가는 방법이다. 에너지 소모를 최소화하는 방향이다. 시키는 대로 열심히 살아가면 다른 사람과의 갈등을 줄일 수 있다는 이점도 있다. 정해진 룰과 규칙에 의해 살아가니 얼마나 편리한가!

그러나 여기에도 함정이 존재한다. 정해진 순서, 규칙이 항상 최선의 방법인가? 지시하는 사람이 항상 올바른 방법을 지시하는가? 문서화된 순서와 규칙은 그나마 관리의 대상이 된다. 그러나 지시하는 사람의 마음속에 규정된 순서와 규칙과 다른 뜻이 있다면 상황이 달라진다. 함정에 빠지고, 그 검은 뜻을 이해하게 되었을 때는 되돌리기 어렵다. 한번 동조한 후에 항거하는 경우 권력자와 조직의 힘에 의해 응징당하게 된다.

함정에 빠지는 일은 현상과 사건을 객관적으로 바라보는 대신 나의 편의대로 주관에 의존해 해석하기 때문이다. 객관적인 해석에는 노력이 소요된다. 해당 사항에 대한 지식을 쌓아야 하고 여러 각도로 살펴보아야 한다.

무엇보다도 다른 사람의 마음속에 있는 숨은 뜻은 알기가 어렵다. 사회가 복잡해지고 점점 더 거대화, 분업화되어 갈수록 더욱 그렇다. 과거 농경 사회와는 달리 주위와의 공유 관계의 시간이 점점 더 짧아지고 있다. 나와 관련된 주위의 마음을 이해하기가 더욱 어려워진다는 의미이다. 주위의 마음을 이해하기 위한 노력이 필요하지만 쉽지 않다. 사람들은 더욱 자문을 구하고 싶어 한다. 만나서 이야기하는 방법은 시간적으로 효율적이지 않다. 그래서 인터넷의 커뮤니티와 블로그를 통해서 방법을 찾고 SNS의 이야기에 열광한다. 우리가 보고, 듣고 싶은 이야기는 방송국에서 작가와 유명인을 활용해 만든 시나리오가 아닌 생생한 이웃의 살아가는 모습이다.

취약점 vs 해킹의 사례

취약점을 해석하고 이해하는 방법으로 해킹 사례가 도움이 될 수 있다. 그 예를 들어 보자. 인터넷 시대 초기에는 해커의 활동이 그다지 알려지지 않았다. 안전에 대한 인식과 취약점(exploit)에 대한 이해가 낮았다.

사람들은 시스템과 컴퓨터의 패스워드를 쉬운 숫자 4자리로 사용하곤 했다. '0000', '9999' 등 공장에서 초기에 설징해 주는 상태 그대로 사용한 것이다. 해커들이 어려운 코드를 해석하고 그 코드를 우회 침투하는 근사한 모습은 영화에서나 볼 일이다. 현실은 쉬운 패스워드를 사용하는 취약한 시스템을 찾아 침입하면 그만이다. 컴퓨터 이외에도 집의 현관문, 사무실, 은행 계좌 비밀번호 또한 비슷하다.

해커들이 이런 취약점을 활용하는 것이 알려진 후에 사람들은 취약점을 탓하지 않는다. 비밀번호를 아무 노력도 없이 그대로 사용한 게으름을 꾸짖는다. 사람들은 '2580', '1234', '9876' 등의 형태로 비밀번호를 바꾸기 시작한다. 주변 사람을 따라서 같은 방법을 활용한다. 해커는 보통 사람보다 시도하고 실패하는 것의 반복을 좋아하는 성향이 풍부하다. 전구를 발명하기 위해 만 번의 실패를 반복한 후 성공 방법을 찾은 에디슨은 인류 역사상 가장 위대한 해커 중에 한 사람일 것이다. 4자리 숫자의 조합 사용은 사람들이 선호하는 숫자를 대입하는 방법으로 9,999번의 실패보다는 수백 번 이내로 유추해 낼 확률이 높다. 해커 입장에서 약간의 노력으로 달콤한 결과를 얻을 수 있다면 시간과 노력은 아깝지 않다. 오늘날 대부분의 사람들은 시스템, 사무실, 현관의 비밀번호를 4자리로 사용하지는 않을 것이다. 구조적으로 취약점을 내포하고 있다는 객관적인 통계 기반의 사실을 알고 있기 때문이다.

취약점을 이용한 강제 침입이 문제가 된다는 것은 누구나 알고 있다. 그러나 그 달콤함과 스릴을 좋아하는 사람들도 존재한다. 이를 개인의 이익과 탐욕을 위해 악의적으로 활용하는 사람도 존재한다. 부자들이 사는 동네를 생각해 보자. 위와 같은 단순한 취약점에 의한 강제적 침입을 대비하기 위해 어떤 보안 체계를 갖추었는지? 쉽게 상상해 볼 수 있다. 세상의 모든 취약점에 대한 대비를 개인에게 맡길 수는 없다. 거꾸로 국가나 사회가 모든 것을 법제화하고 대비책을 제공할 수도 없다. 어떤 시스템을 갖추는 것이 합리적인가? 고민하고 연구할 일이다. 인간 사회의 복잡성으로 이에 대한 효율적 타협점을 찾기는 쉽지 않다.

우리 사회는 많은 부분이 위와 같은 경험을 통해 발전을 이룬다. 편리하다는 이유로 자원을 아끼고 최소한의 노력만을 기울이다가 해킹을 당한다. 그리고 강화하는 방향으로 전환된다. 근원적으로 취약함을 없앨 수는 없다. 이를 이해하고 이에 대한 노출을 최소화함으로 부당한 피해를 최소화할 수 있다. 그러나 자본과 권력의 힘을 가진 사람이 훈련된 영리한 사람을 고용하여 취약점을 이용하고 활용하는 것에 대응하는 일은 쉽지 않다. 법에 어긋나지 않는 우회 경로를 이용한다면 '올바름'에 대한 기준조차 흐릿하게 된다. 취약점을 관리하지 못한 것에 대한 책임을 100% 개인에게 묻는 것이 바람직한 일인지도 모호하다. 취약점을 이용한 이익 편취의 부도덕성만 탓하는 일도 바람직한 방향은 아니다. 논란의 대상이다. 바라보는 관점과 상황에 따라 해석이 다를 수 있기 때문에 정리가 쉽지 않다.

5장

생명의 불꽃

인간의 생명은 그 자체로 소중하고 아름답다.

그 생명은 불꽃처럼 주위를 밝히고 따뜻함을 나눈다.

삶은 빛의 축복이요, 희망이다.

가장 사랑스러운 마음으로 기뻐하며 맞아 주리라.

인간 생명의 불꽃이 시작된 시점은 아무도 모른다. 불과 백 년 전만 하더라도 신이 인간을 흙으로 만들었다고 주장하는 사람도 많았다. 그에 대한 반박은 다툼을 유발하는 행위였다. 지금은 다윈의 진화론을 기초로 인류가 진화되었다는 것을 의심하는 사람은 많지 않다. 하지만 왜, 언제부터, 어떤 방식으로, 어떤 힘에 의해 진화했는지에 대해서는 아무도 장담할 수 없다. 신의 뜻에 따라 진행되었다 주장하더라도 객관적으로 반론하기에는 증거와 지식이 부족하다.

우리는 후생학, 생물학, 유전자공학 등의 발달로 생명의 씨앗을 부모의 몸으로부터 1/2씩 전달받아 새로운 생명이 탄생한다는 것을 알고 있다. 하지만 한 생명의 불꽃인 영혼이 어느 시점에 생성되는지는 아직 모른다.

아무도 모르는 부분에 대한 답을 구하는 가장 편리한 방법은 신에게 의존하는 것이다. 인간의 지식을 초월한 절대자임을 전제로 하기 때문에 다툼의 여지가 없어진다. 믿음이면 충분하다. 그 믿음에 금이 가기 시작할 때 우리는 어디에 의존할 수 있을까? 믿음을 다시 수정하고 보완하는 일은 쉽지 않다. 한번 금이 간 믿음은 거짓처럼 여겨질 수 있다. 믿음을 만든 존재 또한 과거의 어떤 사람이라는 점을 생각해 보면 완벽한 것은 없다. 과연 어떤 기준으로, 언제, 어떻게 생명의 불꽃이 시작된다고 할 수 있을까?

1. 생명의 시작

동북아시아의 주요 사상인 유(儒), 불(佛), 도(道)의 관점에서 생명의 시작에 대해 살펴보자. 유가에서는 태어나기 이전과 죽음 이후에 대해서 특별한 언급이 없다. 아는 것과 모르는 것에 대한 구분이 명확하다. 모르는 것에 대해 언급하는 것은 스스로의 양심을 속이고 타인을 기만하는 행위이기 때문에 언급이 불가한 사항이다. 모르기 때문에 다른 사상에서 인정하는 영혼을 부정하지도 않는다. 불가에서는 윤회(輪廻)를 기반으로 영혼이 육신의 삶과 죽음을 반복한다고 설명한다. 도가에서는 여성 뱃속에 들어 있는 아기의 영혼에 기(氣)를 불어넣어주는 과정을 통해 신체와 결합된 생명이 이루어진다고 보고 있다.

戴營魄抱一, 能無離乎. 專氣至柔, 能嬰兒乎

(대영백포일, 능무리호. 전기지유, 능영아호)

하나에 그 혼을 실어서 관리하면, 어찌 둘로 분리됨이 없겠는가!
기(氣)를 전하고 지극히 유연하니, 능히 갓난아이라 한다.

(도덕경 10장)

생명의 불꽃이 살아나기 위해서는 신체와 영혼(마음)과 기(氣)가 필요하다. 세 가지 요소가 결합된 후, 여성의 몸으로부터 분리되면서 삶이 시작된다. 살아가면서 몸과 마음이 자라게 된다. 마음은 기(氣)를 유약한 상태에서 강하게 만들고, 그 기(氣)는 다시 몸과 마음을 다스리는 힘을 주고 활동의 원천이 된다. 나이가 들어 몸이 늙고 기(氣)가 약해지며 영혼(마음)이 희미해지면서 생명의 불꽃은 사라지게 된다. 늙어 죽는 경우가 아니어도 세 가지 요소 중 하나라도 잃는다면 생명의 불꽃은 사라진다.

모든 물질은 형체를 갖고 있다. 무생물의 경우는 영혼과 기(氣)가 없는 상태이다. 그러나 무생물의 경우에도 일정한 조건을 갖추는 경우 기(氣)가 형성되기 시작한다. 햇빛과 물의 반응을 통해 기(氣)의 순환이 빨라지고 물질이 모여 특별한 형태의 작용이 시작되면서 원시 생명체로 진화하였다. 지구 생명체의 진화는 특수한 조건과 방식으로 수억 년을 거쳐 이루어졌다. 커다란 시각에서 보면 태양계라는 공간에서 기(氣)의 응집, 해체, 순환 등의 변화를 통해 태양의 탄생, 그리고 지구를 포함한 행성의 탄생이 이루어졌다. 천체물리학에서 다루는 별과 행성의 생성이다. 항성과 행성 차원에서 힘의 작용 또한 커다란 기(氣)의 변화라 할 수 있다. 지구 생성 후 46억 년이 지난 지금도 행성 간 기(氣)의 균형을 유지하며 태양 주위를 회전하고 있다.

지구는 태양으로부터 어마어마한 에너지를 전달받고 있다. 그 에너지와 물의 순환 작용을 통해 기의 순환을 이루며 10억 년에 걸쳐 생명체를 탄생시키고 조금씩 복잡한 생명체로 진화를 이루었다. 물질이 형태를 지닌 1차원적인 상태라고 한다면, 생명체는 기의 순환이 이루어지는 2차원적인 상태이다. 그리고 생명체에 뇌의 활동이 추가되면 3차원적인 상태로 구분할 수 있다. 1차원 상태인 물질은 스스로의 움직임이 없다. 2차원적 생명체인 식물과 뇌가 없는 단순한 유기체를 비롯한 하등 생물들은 단선적이고 평면적인 형태의 움직임과 생장을 이루다가 생을 마감한다. 3차원적인 생명체는 뇌를 통해 감각 기관으로부터 들어오는 정보를 바탕으로 3차원상에서 움직이며 살아간다. 인간 또한 3차원에서 살아가고 있다.

인간의 뇌는 동물과 달리 뇌 속에 영혼(마음)이라는 요소가 있다. 영혼이라는 것에 대한 정의 자체가 애매모호하지만 마음과 기의 작용을 통해 뇌 안의 네트워크를 형성한다. 동물과 다르게 과거를 기억하고 현재와 구분하며 미래를 상상할 수 있다. 즉, 시간이라는 변수를 이해할 수 있다. 현재의 3차원 공간을 초월해서 과거와 미래의 공간을 기억하고 상상하는 능력이다. 현재를 벗어나 과거와 미래로 갈 수 있음을 의미하는 것은 아니다.

생명의 불꽃은 여성의 몸으로부터 개체가 분리되면서 시작된다. 분리와 동시에 스스로 움직이고 스스로 생각하며 살아간다. 그러나 분리되었다 하더라도 생명 유지와 삶을 위한 기(氣)의 조절을 수행할 수 없는 상태라면 살기 어렵다. 근대 이전에는 생(生)의 시작점에 대해 고민할 이유가 별로 없었다. 모체의 뱃속에서 나온 이후라는 것에 의문을 제기하는 사람도 없었다. 현대는 의학의 발달로 6~7개월 정도의 태아도 분리되어 인큐베이터를 통해 생명을 유지하다 정상적으로 성장한다. 어느 시점부터 하나의 인간으로 정의해야 할지에 대해 사회적 논란이 지속되고 있다. 이 기준에 따라 인간 배아에 대한 실험, 조작, 낙태와 관련된 법과 윤리가 바뀌기 때문이다.

태아의 뇌를 비롯한 신체 장기는 대략 약 3~4개월 정도 지나면 인간의 형태를 갖춘다. 하지만 3~4개월의 태아기 여성의 몸에서 분리된다 하더라도 살아날 확률은 극히 적다. 5개월 정도 지난 후에 뇌, 척수와 몸의 기(氣) 연결이 완성을 이루기 때문이다. 즉, 5개월 후 심장 박동 조절, 숨쉬기, 혈압 흐름 조절 등의 능력을 갖추는 것이다.

아기는 태어나자마자 인식을 갖추었다고 보기 어렵다. 아직 뇌세포가 성인의 1/3(380g)도 안 된다. 3세까지 뇌세포는 빠르게 증가하여 1,200g에 이르며, 10~15세까지 완만히 증가하여 약 1,400g으로 정점을 이룬다. 뇌는 1천억 개의 세포와 각 세포당 1만 5천 개의 연결점을 지닌다. 갓 태어난 아기는 아직 다양한 감정과 인식의 능력이 없다. 아직 아무것도 없는 백지 상태인 것이다. 우리가 영혼이라 부르는 것과 마음이라 생각하는 것도 성장과 함께 점차로 채워지면서 한 사람의 정신세계를 이룬다.

대략 7~8세 정도에 1차 성장기에 접어든다. 젖니를 버리고 뼈의 교체를 이루는 시기이다. 신체적 골격과 활동을 위한 운동 신경이 급격히 발달한다. 10~15세에는 뇌세포 개수가 가장 많아지며, 성인보다 약 150~200% 더 많은 양의 뇌 내부 네트워크를 보유한다. 이후 뇌 내부의 연결 가지를 잘라내는 방식으로 뇌의 활용을 최적화하기 시작한다. 뇌는 하드웨어적 성장의 정점을 이룬 후 본격적으로 소프트웨어적 발달을 이루면서 지식이 채워진다. 학습이 본격적으로 이루어지는 시기이다.

인간은 30조 개 이상의 세포가 유기적으로 동작하는 개체다. 영혼(마음)과 기(氣)와 몸이 조화를 이루어 하나의 정체성을 이룬다. 그 세 가지가 조화를 이루어 성장하고 활동하며 어느 시점에 이르면 자연스럽게 노화된다. 이것이 자연의 순리에 따라 우리가 삶을 시작하고, 이끌어가며, 마감하는 방식이다.

2. 존재의 의미

　인간 존재의 의미는 무엇일까? 이에 대해서 정의하는 것은 쉬운 일이 아니다. 어떻게 보면 그 의미는 일생 동안 스스로 찾아 가고 만들어 가야 하는 과제이다. 그러면 어떤 것이 인생을 가치 있게 만드는 가장 좋은 방법일까? 인생을 바라보는 철학으로 어떤 것이 바람직할까? 나의 삶 가운데 어떤 부분에 대해 개선이 필요할까?

　인간은 몸과 마음(영혼) 그리고 기(氣)가 조화되어 하나를 이룬다고 정의했다. 생명을 촛불로 비유해 보자. 생명의 불꽃이 꺼진다는 것과 켜져 있다는 것의 의미는 무엇일까? 불꽃이 꺼진다는 것은 몸과 마음, 기의 차원에서 더 이상 인입되는 것도, 정보와 열이 나오는 것도 없는 상태이다. 변화가 없는 죽은 상태이다. 몸과 마음, 기(氣)의 변화 감지를 통해 우리는 존재를 인식한다. 천천히 호흡을 가다듬으며 숨을 들이쉬고, 내쉬기를 반복해 보자. 생각의 흐름을 천천히 따라가 보자. 내가 존재하고 있다는 사실을 스스로 느낄 수 있다.

　나의 존재는 인식하겠는데 존재의 의의는 잘 모르겠다고 낙담할 필요는 없다. 살면서 뚜렷한 존재 의식을 갖고 사는 사람은 그리 많지 않으며, 그런 사람도 삶의 전체 시기를 그렇게 보내지는 않는다.

　존재를 이야기할 때에 '닭이 먼저인지 또는 달걀이 먼저인지'를 논란거리로 삼는다. 본질과 뿌리를 찾기 위함이다. '신이 인간을 만들었는지, 인간이 신이란 믿음을 만들었는지'에 대한 논란도 유사하다. 최초로 돌아가 증거를 영상으로 담지 않는 이상 정확한 것은 알 수 없다. 닭이나 달걀을 우리가 인공적으로 창조해 낼 능력 또한 없다. 인간의 능력으로는 아직 개미 한 마리도 만들어 낼 능력이 없다. 정확히 하자면 개미뿐만 아니라 아무것도 없는 상태에서 수소 원자 하나를 만든 경험도 없다. 단지 진화론이라는 과학적 논리에 근거해서 그 이전의 생명체로부터 조금씩 발전하고 진화해 왔다고 통상적 인식을 전개하는 수준이다. 명확한 사실은 수많은 닭은 달걀을 낳고, 그 달걀은 다시 닭으로 크고 죽는다는 사실이다. 인간의 존재도 마찬가지이다. 사람은 태어나 성장하고, 다시 자식을 낳는다. 그 자식은 성장하고 나이가 들어 죽음을 맞는다. 이것에 대해 부인하거나 반박하는 사람은 없을 것이다.

우리는 모르는 것을 안다고 우기고 다른 사람을 강제하려 하기 때문에 다툼이 일어난다. 믿음이 편향될수록 그리고 타인에게 믿음을 강요할수록 갈등의 폭도 커진다. 중세 서양에서 "인간이 신이란 믿음을 만들었다"고 주장하고 다닌다면, 얼마 지나지 않아 화형에 처해졌을 것이다. 현대 사회에서 그런 주장을 한다고 해서 화형을 집행하자고 하는 사람은 없을 것이다. 중세 이후 그릇된 신앙에 대해 의심을 제기하기 시작한다. 철학이 신에 대한 도전과 비판을 제기하면서 신 이외의 영역을 바라보기 시작한다. 그리고 과학과 기술이 발달한다. 과학기술의 발달 배경에는 그것을 활용하여 돈을 벌기 위한 자본의 힘이 자리 잡고 있었다. 자본의 탐욕과 산업의 발달은 서민을 농경시대보다 더 열악한 노동 환경으로 몰아갔다.

독일은 1차 세계대전 패전에 따른 전쟁 보상 비용 지불로 국가 재정이 파탄 상태에 이른다. 국민의 생활은 가난과 고통의 연속이었다. 이런 상황에서 일부 유태인 자산가들은 고리대금을 통해 금융 시장에서 부를 축적한다. 국민 대다수가 가난의 늪에서 헤어나지 못하는 상황에서 사회적 갈등을 극대화하기 충분했다. 정치와 사상의 혼란 속에 히틀러를 옹호하는 집단은 탐욕과 제국주의를 결합하여 교묘한 나치주의 사상을 만들어 냈다. 그 사상에서는 인간 존재 의의를 독일 민족에 대해 특별하게 적용하였다. 믿음과 사상의 왜곡은 역사상 최악의 참사를 불러온다. 민족 우월주의에 기반한 제국주의를 내세운 나치와 그 추종자들이 2차 세계대전을 벌인다. 전쟁으로 5천만 명 이상의 사람이 죽고 8백만 명 이상의 유태인이 학살당했다. 이 시기 아시아에서는 일본이 이웃 나라를 침략하고 식민화하기 위한 전쟁을 벌이고, 수많은 선량한 사람들이 피와 고통으로 믿음의 왜곡에 대한 대가를 대신 지불했다.

생명은 종교와 민족, 돈의 많고 적음과 관계없이 모두 소중하다. 광기 어린 왜곡된 믿음 아래 칼과 총의 힘에 의지하여 불지르고 태워버릴 수 있는 것이 아니다. 잠시 타오르고 사라지는 불꽃처럼 인식되어서는 곤란하다. 오랜 역사의 시간이 지난 뒤에 바라보면 약자의 취약점을 이용하여 갈취하고 무력의 힘을 이용해 강제하는 것이 아름답게 여겨지거나 가치 있는 일로 정당화된 적은 없다.

어두운 방 안에서 촛불을 켜 보자. 어둠이 사라지고 빛의 소중함을 느끼게 된다. 그러나 조금 지나면 익숙해지고 당연한 것으로 받아들인다. 한참 뒤에 불이 꺼지고 어둠이 찾아오면 빛의 소중함을 다시 생각하게 된다. 생명의 불꽃도 이와 마찬가지이다. 아이가 태어나면 모두가 기쁨에 충만하여 새 생명을 받아들인다. 인간은 이미 존재 자체로 빛을 밝히고 주위에 따뜻함을 준다. 조금 지나면 익숙해지고, 삶의 한 부분이 되어 소중함을 잊게 마련이다. 인간의 기억은 짧고, 잊어버리기 쉽다. 삶의 고통과 위기를 마주하면 그때에 다시 삶의 소중함을 생각한다.

2021년 2월 인류는 새로운 역사를 만들고 있다. 아랍권 UAE의 우주선 '아말'이 2월 9일 화성 궤도 진입에 성공한다. 2월 10일에는 중국 우주선 '천문'이 화성 궤도 진입에 성공한다. 이어, 2월 18일에는 미국 우주선 '퍼시비어런스'가 화성에 착륙하고 탐사를 시작한다. 사람들은 지구의 반지름 1/2(3,400㎞), 질량 1/10(약 6.4×1023㎏), 대기 밀도가 지구 대기의 1% 정도인 이 행성에 열광하고 있다.

화성은 공(空)허하다. 생명이 없는 황량한 행성이다. 상상력을 확대해서 내가 화성에 있다고 생각해 보자. 대기에 물이 없기 때문에 지구와 같은 파란 하늘이 없다. 땅은 오래되었으나 생명력이 없다. 사막과 같은 모래와 바위뿐이다.

이런 화성 개척을 통해서 인류를 구하겠다는 꿈은 자연스러움을 벗어난다. 대기의 작용이 없는 곳에서 태양의 빛을 인간이 살기 적합하도록 만드는 일은 쉬운 일이 아니다. 생물이 살 수 있도록 땅의 분열을 해소하는 것도 마찬가지이다. 인류가 살아가는 데 필수 요소인 물의 존재 여부도 불투명하다. 무엇보다 화성 개척의 마음에는 사심이 가득하다. 전 인류 공동의 희망이 아닌 소수 선택된 사람들만의 꿈이다.

화성을 인류의 미래로 여기는 일에는 참여하는 사람들 저마다 다른 의의가 존재한다. 사심으로 가득한 꿈을 멋지게 포장하여 많은 사람들을 이끌고 있다. 자본가들은 탐욕스럽게 전 세계적인 믿음을 실어 주식시장에 허상을 더하고 있다. 그 과정에서 추종자들에 의해 천문학적인 돈이 응집되고 있다. 이 어마어마한 비용이 지구의 그늘진 사회와 산업화에 의해 파괴되고 있는 환경보호를 위해 사용된다면 굳이 화성 개척의 꿈을 꾸지 않아도 좋을 듯하다.

화성으로 이주하여 살아가는 모습으로 생각을 채워 보자. 비어 있는 화성에 지구와 같은 생명력을 갖추는 데 얼마나 많은 노력이 필요할 것인지 상상해 보자. 수백 명이 같이 이주했다고 상상해도 좋다. 사람 이외에 좋아하는 동물과 식물도 원하는 만큼 데리고 간다고 생각해도 좋다. 그러나 백오십만 종이 넘는 동물과 삼십만 종이 넘는 식물 가운데 어떤 것을 선택하고, 얼마나 많이 이주시킬 것인가?

주위를 둘러보면 볼 수 있는 작은 벌, 나비, 나방, 여치, 귀뚜라미, 무당벌레, 딱정벌레, 쇠똥구리, 연지벌레, 잠자리, 사마귀, 풍뎅이, 하늘소, 사슴벌레, 매미들 그리고 흙을 살아 있게 만드는 작은 지렁이, 진딧물, 뿌리혹벌레, 이끼벌레, 버섯살이, 땅강아지, 집게벌레, 메뚜기, 총채벌레, 땅노린재, 송장벌레 버섯, 이끼 등도 챙겨 갈 수 있을 것이다. 작은 벌레들과 균사류 그리고 눈에 보이지 않는 생물들이 2백 년간 1cm의 흙을 만들어 내는 생명 순환의 신비를 이뤄낼 수 있도록 챙겨야 한다.

가치 있는 것을 어떤 기준으로 선별할 것인가? 어떤 철학을 갖고 임할 것인가? 이 과정에 실수라도 발생한다면 어떤 부분을 어떤 방식으로 보완할 것인가? 그곳에서 빠뜨리지 않고 지구와 같은 환경을 구현할 수 있겠는가? 10억 년간 조금씩 만들어 온 생명의 순환 고리 중에서 무언가 중요한 부분을 놓치지 않을 자신이 있는가?

화성 개척의 노력과 시도는 지구의 소중함과 다양한 생명 존재 의의를 일깨워 주는 도구로써 더 의미가 있을 것이다. 지구의 하늘과 땅에서 사심이 없이 살아가는 그 모든 순수한 존재들에게 감사하는 기회로 삼아야 한다. 그리고 생명 간의 차이와 존재를 인정하며 질서와 균형의 중요성을 이해함이 필요하다. 무엇보다 다른 생명을 소중히 여기고 강제하지 않는 마음이 필요하다. 지구라는 공동체에서 사유의지에 의해 살고 평화와 번영을 누리며 공존하고 있다는 사실을 인식하는 것이 우선이다. 지구의 하늘과 땅을 대대손손 소중히 이어가는 일이 우리 삶의 의미일 것이다.

사람이 태어날 때 주어지는 환경 및 조건은 모두 제각각이다. 내 존재의 시작은 내가 선택할 수 있는 사항이 아니다. 하지만 나만의 의미를 부여하고 개척하며 발전시키는 것은 나의 의지로 가능하다. 주위를 따뜻한 마음으로 바라보고, 소중히 여길 때 내 생명의 불꽃 또한 그렇게 다루어진다. 그러한 노력이 이루어질 때 우리의 삶은 아름다운 여정을 맞이할 수 있게 된다.

6장

생의 한가운데

인생을 살아가는 의미에 대한 금언은 독자 스스로에게 맡긴다.

1. 마음 해킹

통상 마음이라 부르는 것은 크게 세 가지 영역으로 나눌 수 있다. 자세와 태도와 고정관념과 습관을 기반으로 나를 지지하고 이끄는 영역, 느끼고 표현을 이루는 감정의 영역, 그리고 지식을 담고 생각하는 이성의 영역이다.

사람들은 내 마음이 너의 마음과 같다는 표현을 자주 사용한다. 그러나 사람들의 마음 중에 동일함이 존재할 수 있을까? 동일한 마음은 존재하지 않는다. 어떤 상황을 동일하게 바라보고, 유사하게 느끼고 생각한다는 동질감의 표현이다. 모든 사람의 마음은 제각각이다. 이 세상에 동일한 사람은 없다. 아무리 똑같이 생긴 쌍둥이라도 비슷한 모습을 지닐 뿐이다. 위의 세 가지 영역을 기준으로 살펴보면 모두 다르다. 인간 이외에 세상의 모든 동식물 또한 동일한 개체는 없다. 단지 우리가 분류할 때 동일하게 분류하고 다룰 뿐이다. 30조 이상의 세포가 조합을 이루는 사람의 경우 그 차이는 무한하다고 할 수 있다.

그러면, 무엇이 우리를 동일하고 유사하다고 느끼게 만드는 것일까? 동일함의 편리함에 그 원인이 있다. 같은 곳을 바라보고 동일한 방향으로 생각할 때 다른 사람의 마음도 하나처럼 느낀다. 즉, 하나가 됨은 다른 사람을 확장된 나의 개념으로 인식하도록 유도하는 것이다. 이것의 이로운 점은 다르다고 생각함으로써 발생하는 갈등을 최소화한다.

아기가 태어나면 엄마는 아이를 자신의 일부처럼 소중히 대한다. 아기가 눈을 뜨고, 소리를 듣고, 인지 반응을 보이기 시작하면 같은 눈높이에서 인식의 영역을 넓히는 일을 도와준다. 아기와 엄마와의 관계처럼 동일화와 친밀함에서 인간의 관계는 시작된다. 같은 사물을 지칭하고 이름을 불러주며 같은 인식 체계를 갖도록 계속 반복한다. 그 과정에서 아이의 뇌는 자연스럽게 엄마와 동일한 방식으로 인식을 확장하고, 외부 세상을 받아들이게 된다. 아이를 낳자마자 "넌 나와는 다르게 커야 해, 나보다 더 좋은 삶을 살아야 해" 하면서 아이를 다른 가족, 다른 모범적 성향의 사람을 찾아 맡기는 부모를 본 적이 있는가? 아주 특별한 상황이 아니라면 그런 일은 드물다. 삶의 출발은 부모를 통한 인식의 동질성을 기반으로 시작된다. 그래서 우리는 동일한 집단, 동일한 성향, 동일한 생각을 본능적으로 좋아하고 친밀하게 느낀다.

아기는 사물에 대한 인식을 확장하고 주변 사람들의 모습과 행동을 유사하게 따라하며 배운다. 몸의 자세와 습관, 그리고 소통을 위한 언어를 익힌다. 걷는 것과 밥을 먹는 행동, 울거나 웃는 행위, 얼굴을 찡그리는 것, 손을 흔들어 반가움을 표시하는 것, 이런 일련의 행동들은 주위 사람의 모습을 통해 무의식적으로, 그리고 의식의 도움을 받아 나를 지지하고 이끌도록 틀을 형성한다. 이런 방식으로 몸과 마음의 학습 과정은 뇌의 각 부위에 저장되고 그 기반으로 나의 자세와 태도, 행동 양상이 점점 고착화되며 자연스러워진다.

4세에 이르면 나와 가족을 분리해서 이해하기 시작한다. 가족 밖으로 인식의 폭이 확장된다. 다름을 인식하기 시작한다. 다른 가운데에서도 유사성과 동질감을 찾는다. 내가 속한 영역에서 친구와의 다양성과 동질성을 경험하며 인식의 폭을 넓혀 간다. 관계가 확장됨에 따라 삼성의 영역이 빠르게 성장한다. 감정은 이미 이 시기 이전부터 부모와 아이의 유대감과 대하는 방식 등을 통해 전달되지만 감정에 대한 표현 및 어떻게 다른 사람을 대해야 하는지에 대한 무의식적이고 의식적인 학습이 본격적으로 이루어진다. 다양성을 인정하지 못하고 내 마음대로만 하는 성향은 아직 사물과 사람 사이 관계에 대한 인식과 감정을 다루는 능력이 부족하기 때문이다.

이성의 영역은 12~16세의 사춘기 이후 본격적으로 발달하기 시작한다. 뇌의 물리적 성장 정점에 다다른 시기와 비슷하다. 마음 기저에 위치한 습관과 자세, 태도, 관습의 영역과 감정의 영역, 그리고 이성의 영역이 충돌한다. 마음의 세 가지 영역이 서로의 범위를 더 넓히려는 시기이다. 이제 자라나는 이성의 영역은 아직 힘이 부족하다. 동물적 본능을 기반으로 한 태도, 자세, 습관과 빠르게 반응하는 감정의 영역에 더 많은 영향을 받는 시기이다. 신체적인 변화와 호르몬의 분비량이 불안정한 시기이며, 다른 관점에서 보면 이성이라는 정체성을 받아들이며 나를 새롭게 구성하기 시작하는 시기이다.

동질감보다 다른 것에 빠르게 반응하고, 반대로 행동을 시도해 보는 단계이기 때문에 사회적으로는 반항과 일탈의 모습 즉, 이해가 잘 안 되는 사춘기로 비춰진다. 그런 반대의 행동 표현은 마음을 조정해 가는 과정에서 발생하므로 그런 마음에 대해 이해해주고, 격려해주는 주위의 따뜻한 마음이 오히려 더 필요한 시기이다.

부모는 아이가 소위 사회적으로 성공한 사람들처럼 되길 원할 때 획일화를 선호하게 된다. 특정인의 좋아 보이는 모습을 보고 따라가기만 바라는 것은 그 이면에 자식의 성공을 바라는 욕심이 숨겨져 있기 때문이다. 붕어빵처럼 잘 찍어 내기 바라는 욕심이다. 인간은 붕어빵처럼 단순하지 않다. 30조 개의 세포로 이루어진 다양성을 지닌 존재라는 것을 망각하는 일이다.

동질감의 이점은 인간이 사회를 이루어 사는 데 많은 도움이 된다. 감정적 동질화는 인간의 정을 느끼며 어우러져 사는 데 도움을 준다. 집단 내 갈등과 마찰을 최소화하는 도구이다. 같은 배를 타고 있다는 인식은 한 무리의 집단이 같은 방향으로 노를 잘 저어 나아갈 수 있도록 도와준다. 바라보는 방향이 다르다면 배는 원하지 않는 방향으로 가거나 제자리를 맴돌게 된다.

2020년 코로나19 바이러스 대응 모습에서도 이는 잘 드러난다. 사회와 나를 분리하고 공동의 위기로 인식하는 자세가 부족했던 서양의 국가들은 코로나 확산에 대한 통제가 어려웠다. 반면 집단 문화에 익숙한 동양의 국가에서는 상대적으로 대응이 수월했다. 나 하나의 위기가 아니라 내가 속한 가족과 집단에 폐해를 끼칠 수 있는 위험으로 인식했기 때문이다. 코로나19 상황에 대해 사회가 얼마나 같은 마음으로 인식하고 행동하느냐가 관건이었다.

급속한 확산의 몇 가지 사례를 살펴보자. 종교적 집단 활동에서 대량 확산이 발생한다. 종교 활동 수행에 대한 믿음이 감염 전파 가능성에 대한 인식보다 우위에 있었기 때문이다. 사제의 신앙에 치우친 믿음과 비과학적인 행동 관습은 교회로 사람들을 소집하여 대량 전파를 이끌었다. 무엇보다 종교가 항상 우위에 있어야 한다는 믿음에서 비롯된 일이다. 종교 지도자가 비이성적인 경우 어리석은 방향으로 사람들을 이끌 수 있다는 사례이기도 하다.

코로나19 바이러스 전파 확산에 영향을 준 또 다른 요소가 있다. 사회적 관습과 통념에 의한 행동 체계이다. 서구 사회의 경우 마스크 착용에 대한 반감이 심하다. 동양에서의 마스크 착용과 비교해 보면 이해가 쉽다.

서양에서는 개인의 자유를 최우선으로 여기는 마음이 지배적으로 자리 잡아 수 세기 동안 내려왔다. 종교 개혁 이후 신을 우선으로 한 교황의 권위가 무너지고 왕과 귀족으로 힘이 이양되었다. 얼마 지나지 않아 왕과 귀족은 단두대에서 처형되고, 시민 계급이 자본의 힘을 근간으로 기존의 계급 사회를 무너뜨렸다. 그리고 인간의 평등을 주장한다. 집단 동조보다 개인의 권리가 더욱 중요하게 여겨진다. 개인의 권리가 우선시되는 사회에서 집단의 공조가 필요한 문제는 해결이 쉽지 않다. 개개인의 주장이 다를 때 혼란은 더욱 가중된다.

영토가 넓고 법과 규칙의 통제력이 먼 곳에 위치할 경우 스스로의 보호를 위해서 개인적인 자구 노력이 필수적이었다. 스스로 방어력을 갖추기 위한 총기 사용의 관습 속에 마스크를 둘러쓴 총기 소지자는 개인의 정체성을 숨겨주는 역할을 했다. 서양의 역사에서 KKK라 불리는 자경단은 이런 이미지를 명확히 설명해준다. 마스크는 익명성을 보장하고 도덕적으로 나쁜 일을 저지를 때 사용되는 도구이다. 이런 인식이 깊이 자리 잡고 있기 때문에 마스크가 바이러스 차단을 위한 최선의 도구임에도 사용을 주저하였다. 관습이 이성적이고 합리적인 방법을 누른 사례이다.

그러면 합리적 이성이 기존의 관습과 감성적 믿음을 이길 수 있도록 이끄는 것은 누구의 몫이어야 하는가? 과거 원시 부족 시대로 돌아간다면 나이 많고 경험이 많은 족장의 몫이었다. 하지만, 부족 족장이 모든 분야에서 모든 것을 알 수는 없다. 현명함을 지니고 있다면 해당 분야에 경험이 많은 자에게 상황에 대해 의견을 구할 것이다. 그 조언을 기초로 올바른 판단을 내릴 수 있다. 미국 내 초기 확산세가 가파르게 증가한 것은 합리적, 이성적인 판단을 흐리게 만든 트럼프 정부에 있다. 이 과정에서 의학 전문가의 조언 역시 무시된다. 관습과 기존의 인식을 깨뜨리고 밝은 방향으로 인도하는 것은 그 사회 리더의 몫이다. 1선의 리더가 방향을 잃는다면 2선의 전문 분야 리더가 올바른 방향을 제시해야 한다. 모두 제 역할을 하지 못한다면 서민의 마음은 갈 곳을 못 찾고 우왕좌왕하게 되는 것이 당연한 일이다.

사회적 병리는 전염병과 마찬가지로 한번 확산되면 바로잡는 데 많은 시간과 고통이 따른다. 사회적 병리는 다음 세대에게 커다란 비용을 치르게 한다. 그리고 뼈저린 교훈을 바탕으로 사회가 다시 전철을 밟지 않도록 유도한다. 마치 사람이 독감에 걸리고 이겨낸 후 면역력을 갖는 것과 유사하다.

한국 사회에서 마스크에 대한 관념은 서양과 달리 친숙하다. 집단 내 코로나19 감염을 최소화하는 도구라는 점이 강조되자 전 국민 스스로 마스크를 찾았다. 내가 감염되더라도 내 가족에게는 전파를 예방하자는 의미로 받아들였다. 한국의 마스크 문화는 '탈'을 연상시킨다. 탈은 도덕적으로 나쁜 일을 저지를 때 사용하는 도구가 아니라 사회적 부조리를 해학과 유머로 풍자했던 연극의 도구이다. 인식 자체가 포근하고 친밀감이 넘친다. 탈에는 사람들의 응어리진 마음을 풀어주는 해소의 의미가 실려 있다. 더욱이 조선 시대까지 여성들은 외출 시 얼굴을 가리는 관습 속에서 살아왔다. 얼굴을 가리는 것에 대한 저항이 적다. 마스크를 쓰고 이웃을 해하거나 나보다 약자를 해치는 모습은 우리의 마음속에 자리하지 않는다.

또 다른 사례를 들어 보자. 2020년 서울 한 카페의 모습이다. 사람들은 주로 마스크를 쓰고 이야기한다. 혼자 앉아 있는 사람들은 차를 마시거나 독서, 노트북, 패드, 핸드폰 사용을 즐기고 있다. 혼자 있던 사람이 노트북과 가방을 놓아두고 손을 씻으러 가는 경우에도 가방이나 노트북을 탐내거나 가져가는 사람은 없다. 사회적 관습과 도덕이 이를 허용하지 않는다. 특히, 주변에 사람들이 있는 상황에서 주위를 의식하지 않고 도둑질을 과감히 실행하는 경우는 드물다. 비록 마스크를 쓰고 있더라도 관습과 도덕에는 크게 변화를 일으키지 않는다. 같은 상황이 서양의 카페에서 벌어진다면 어떤 결과가 나타날까? 독자의 상상에 맡긴다. 이는 마음속에 자리 잡고 있는 사회적 통념의 힘이 얼마나 큰지 알려주는 사례이다.

ⓒ 仁川 鄕校 典校 松甫 成書敏 先生 作

마음(心)이라는 것은 한자의 모양에서도 살펴볼 수 있다. 나의 정체성인 몸을 지지해주고 자세와 태도를 나타내며 무의식적으로 나를 이끌고 가는 왼편의 삐침과 몸과 밀접하며 몸을 통해서 받아들이고 표현하는 오른편 감정의 삐침, 그리고 오른쪽에 몸과 가장 멀리 떨어져서 이성적으로 생각하고 통제하는 삐침으로 이루어져 있다. 3개의 삐침이 조화와 균형을 이루고 한쪽으로 치우치지 않을 때 마음(心)이라는 글자가 아름다운 모습을 갖춘다. 인간의 모습 또한 이와 다르지 않다.

마음의 균형을 갖추는 방법으로 명상을 추천한다. 명상은 감성의 동요를 인식하고 다스릴 힘을 준다. 감정을 무조건 억제하고 누름이 아니다. 외부에서 발생하는 변화를 객관적으로 인식하게 해준다. 오감으로 받아들이는 것을 세밀하게 느끼게 해주는 동시에 감정의 영역에 이를 맡기기보다 이성의 영역이 해석할 수 있는 힘을 준다. 또한, 명상은 자세, 태도, 행동 습관 등 무의식에 의한 행동을 다시 살펴보게 하고 좋은 방향으로 이끌어준다. 그렇게 형성된 좋은 습관과 자세는 다시 나의 감정을 굳건하게 만들어준다. 작은 일에 흔들리지 않는 태도와 자세는 좋은 감성과 함께 나의 삶에 대한 균형감을 향상시킨다.

이제 이성이 수행할 일은 흔들리는 감성과 불안정한 자세, 태도, 습관과 싸우느라 에너지를 소비하는 일이 아니다. 경험과 뇌 속의 기억과 지식을 조합하여 나와 나의 영혼을 자유롭게 만드는 일에 매진할 수 있다. 이성의 영역이 자유로워질수록 뇌의 유연성은 증가하게 된다. 고정된 관념을 탈피할 수 있는 능력이다. 기존 상황을 깨고 새로운 세상으로 달려나갈 수 있는 힘이다.

고착화된 지식과 습관은 굳이 에너지를 소모하여 의문을 품고 다시 정리할 필요가 없다. 그래서 좋은 습관이 많은 사람은 삶을 더욱 쉽게 좋은 방향으로 이끌 수 있다. 하지만 좋은 습관 위주로 사는 삶일지라도 항상 행복하다고는 할 수 없다.

부유한 집에서 태어나 삶의 굴곡이 거의 없고, 좋은 습관을 많이 유지하며 삶의 큰 위기 없이 평화롭게 일생을 살다가 죽는다. 이런 삶이 진정 우리가 원하는 삶일까? 천국의 모습으로 그리는 그런 삶은 행복할까? 주어진 조건과 삶의 행복은 일치하지 않는다. 어떤 요소가 빠진 것일까? 이성이 깨어 있는 삶이 필요하다.

인생에는 주어진 조건에만 의존하지 않는 다양한 변화가 존재한다. 선택의 순간과 변화의 시간 동안 얼마나 깨어 있고, 그 깨어 있는 이성에 의해 나의 삶을 자유롭게 이끌어가느냐가 관건이다. 주어진 조건이 풍부하더라도 깨어 있지 않은 삶, 이성에 의해 지배되지 않는 삶은 재미없는 삶의 극단이 아닐까 한다. 물질적으로, 환경적으로 풍요하게 보이는 사람들도 일탈을 하고 사회적으로 물의를 일으키는 이유는 이성보다 습관과 감성에 의존하는 삶을 살기 때문이다.

살면서 누구나 성장과 극복, 즐거움 그리고 흥미로운 것들을 원한다. 그 이면에는 실패와 위험의 공포, 지루함 등이 동전의 양면처럼 같이 자리 잡고 있다. 그런 것들이 공존하고 비교됨으로써 반대 방향의 느낌과 감정이 더욱 커진다. 좋은 방향과 좋지 않은 방향은 동시에 존재한다.

내가 갖고 있는 이성이 항상 합리적이거나 올바른 것은 아니다. 이성의 영역에서 다루는 생각의 도구와 틀을 제공할 뿐 그것이 절대적으로 올바르다는 것은 아니다. 올바른 것과 올바르지 않은 것은 우리의 편의에 의해 구분되고 분별되는 모습이다. 그러한 모습에 집착하지 않고 바라보는 것들 모두 소박한 삶의 한 단면으로 인식한다면 괴로움과 고통은 줄어들고 작은 행동 하나도 아름답고 흥미로우며 행복하게 된다. 이성이 이끄는 행복한 감성 소유를 의미한다. 이성의 눈은 나의 감성에게 등불과 같은 역할이 될 수 있다.

우리의 마음은 별것도 아닌 것에 대해 열광하고 안타까워한다. 수백 년, 수천 년 후에 되돌아본다면 전혀 바람직하지 않은 방향으로 사람들을 이끌기도 한다. 그 집착으로 주위 사람을 괴롭히는 삶을 살면서도 깨닫지 못한다. 이성은 위험을 최소화하는 방향으로 삶을 이끄는 동시에 어리석음과 실패를 바라보면서 똑같은 어리석음에 빠지지 말라고 경고한다.

역사의 기록이 소중한 이유는 동일한 함정에 빠지지 않도록 미리 교훈을 얻을 수 있다는 점이다. 우리가 항상 위험을 최소화할 수 있도록 모든 것을 이해하고 대처할 수 있다고 생각하는가? 그럴 수는 없다. 아직 인류가 가 보지 않은 길을 누가 미리 예측하고 항상 올바르게 이끌 수 있겠는가? 다만 철학과 사상이 주는 틀을 기준으로 최선의 선택은 가능하다.

노자와 부처가 제시하는 길은 욕심과 사심을 최소화하고 만물과 상생하는 방향이다. 나의 욕심과 이기심을 채우려고 노력하는 사람이 많을수록 사회의 미래가 어지러운 방향으로 향하게 된다. 진심으로 사심을 버리고 사회를 밝음으로 이끌려는 의지를 가진 사람이 열심히 일하는 사회라면 충분하다.

2. 감정에 대하여

감정은 오온(五蘊)의 영역 가운데 받아들임(受)의 과정에서 발생하는 마음의 작용이다. 이성에 대비하여 감정은 좀 더 동물의 영역에 가깝다. 과거에는 감정을 기쁨(喜), 화(怒), 슬픔(哀), 두려움(懼), 좋아함(愛), 싫어함(惡), 욕망(欲)의 7가지로 구분했다. 과거 사랑(愛)의 의미는 훨씬 더 포괄적이었다. 사람에 대한 사랑 및 재물에 대한 애착을 포함한다. 감정은 시대의 변화에 따라 변한다. 조금 더 정확히 이야기하면 감정에 대한 언어 표현이 세분화된다. 현대에는 과거의 7가지 기준 이외에도 다양한 감정의 표현 방법이 생겨났다.

과연 감정을 객관적으로 표현하고 분류할 수 있을까? 많은 학자들이 감정 영역을 분류하고 수치를 동원해 객관적으로 표현하고자 노력한다. 그러나 감정을 객관적으로 수치화하고 지표화하는 것은 쉽지 않은 일이다. 감정은 주관적인 영역이기 때문이다. 사람마다 살아온 경험, 지식, 기억에 의해 받아들이는 강도가 다르다. 개인의 느낌에 대한 척도를 1부터 5사이로 구분하고 정리하여 대략의 성향을 파악할 수는 있지만 물리적인 측량과는 성격이 다르다.

감정은 외부로부터 자극을 받아들임(受)을 통해서 발생되기도 하고, 뇌 속의 기억을 상기하면서(識) 과거의 사실 또는 미래를 상상하는 과정에서 유발되기도 한다. 현재, 과거 그리고 미래의 상황을 인식하는 과정에서 호르몬 또는 몸의 전기적인 신호의 변화가 주는 느낌이다. 훈련을 통해 감정을 다스리려는 노력은 가능하지만 감정이 일어나는 것을 방지하거나 통제하는 것은 불가능하다. 감정은 제어하려 하면 오히려 기억을 통해 머릿속에서 상황을 반복 인식하게 되어 더 증폭되기 쉽다. 잊으려 하면 더욱 잊히지 않고 생각나는 이유와 동일하다.

진화 과정을 살펴보면 감정의 발달은 이성의 발달 이전 단계에 위치한다. 신체와 연결되어 움직임의 통제를 관여하는 중추신경계와 호흡, 맥박, 체온 유지 등 생명 활동의 기초를 관장하는 척수, 소뇌 등이 기저 단계를 구성한다. 기본적인 활동과 생명 유지 기능의 발달 이후에 뇌의 변연계가 발달한다. 변연계의 역할은 감각을 통한 외부에 대한 인식과 뇌를 연결해 주는 감정 전달 체계이다. 감정은 삶을 풍부하게 해준다. 본능적이고 기능적인 하등 동물의 모습을 벗어나게 한다. 서로의 유대감을 강화시키고, 다양한 감정 표현을 통해 집단 생활 속에서 관계를 더욱 높은 차원으로 이끌어준다. 그러나 지나친 감정의 표현은 오히려 관계를 단순화시킨다. 그래서 감정의 발달 이후에는 다시 감정을 통제하고 조절하는 기능이 필요하다. 인간의 뇌에서 해마가 그 역할을 수행한다. 해마는 감정을 조절하는 역할과 동시에 뇌의 각 부분에 위치한 장기 기억과 단기 기억을 연결하는 네트워크를 구성해준다.

포유류는 유대감을 기반으로 감정이 발달해 있다. 특히 뇌세포 수가 많은 포유류일수록 감정을 활용하는 모습이 인간에 가깝다. 뇌세포가 가장 많은 코끼리는 어떤 포유류보다 감정 사용이 풍부하다. 집단 중에 한 마리가 죽는다면 눈물을 흘리고 슬퍼한다. 죽은 형제를 안타까워하며 옆에서 일으키려 하고 쓰다듬어주며 풀을 가져다 앞에 놓아주기도 한다. 거의 하루 동안을 죽은 형제 옆에서 지켜주고 죽음에 대해 애도한다. 인간의 감정과 거의 다를 바가 없다.

인간이 동물과 다른 점은 감정에만 의존하지 않는다는 사실이다. 기억된 습관과 지식을 조합하여 이성적인 사고를 수행할 수 있다. 과거의 기억과 지식을 뇌에서 불러오고, 현재에 활용하며, 미래를 대비할 수 있는 능력이다. 경험, 감정, 지식을 생각과 조합하는 능력을 통해 동물의 단계를 넘어설 수 있었다.

감정의 표현은 나의 마음 상태를 타인에게 전달하는 도구이다. 기쁨과 슬픔을 나누어 동질감을 강화하고 관계를 더욱 친밀하게 만든다. 사람이 아닌 동물과의 교감도 크게 다르지 않다. 친구 같은 애완동물인 강아지에 대해 이야기해 보자. 강아지와의 교감은 친구 이상으로 현대인에게 정신적인 도움을 준다. 감정의 교감 이외에도 배려와 보살피는 마음이 넓어지는 부수적인 효과가 있다.

훈련이 안 된 강아지와 집안에 같이 사는 경우에 문제가 발생기기도 한다. 그 하나가 배변 문제다. 강아지는 생물학적 신호가 오면 아무 곳에서나 배변을 한다. 그 결과를 놓고 강아지에게 화(怒)를 내면 강아지는 주인의 의사를 올바로 이해하지 못한다. 강아지는 주인의 표정이나, 몸짓, 말의 고저를 기반으로 한 감정을 통해서 의사소통한다. 배변을 하면 '주인이 화를 내는구나' 하고 1차원적으로 받아들인다. 여기에 배변을 해서 지저분하게 만들기 때문에 화를 내는 것으로 이해하지는 못한다.

주인이 표현하는 화의 감정은 강아지에게 강력한 위협이다. 본능적으로 위협의 신호를 더 빠르고 강하게 느낀다. 강아지는 배변 활동에 위축되기 시작한다. 주인이 없을 때 일을 치르는 것이 최선이다. 아니면 주인의 눈에 잘 띄지 않는 구석에서 일을 벌인다. 주인이 화를 냄으로써 얼을 수 있는 것은 자신 스스로의 위안이다. 강아지의 배변 습관에는 조금도 도움이 되지 않는다. 아무 곳에서나 배변하는 습관은 강아지 입장에서 전혀 문제가 되지 않는 자연스러운 일이다. 강아지는 신호가 오면 아무 곳에서나 실례를 하는 것이 당연하다. 주인의 입장에서는 강아지를 실내에서 키우기 때문에 치우는 불편이 생긴다. 강아지가 스스로 치워야 한다면 상황이 조금 달라질 것이다. 그러나 그런 일은 없다.

그러면 어떤 것이 최선의 방법일까? 강아지에게 더러워지기 때문에 아무 장소에서나 배변하면 안 된다는 것을 어떻게 알려줄 수 있을까? 강아지가 이해하기에는 2가지 어려운 점이 있다. '더러워지기 때문에'라는 조건을 붙여서 무엇을 지시한다는 것은 2차원적인 해석이 필요하다. 2차원적인 해석은 동물에게 쉬운 일이 아니다. 또 아무 장소에서나 실례하면 안 된다는 부정형 조건을 동물이 이해하는 것은 불가능하다.

그래서 강아지 학교에서는 정형화된 조건으로 바꾸어 배변 훈련을 시킨다. 여기서 배변을 하면 칭찬과 간식을 주는 형태이다. 강아지가 이해할 수 있는 방식으로 소통하는 방법이다. 칭찬과 간식을 통한 유도의 장점은 강제적인 방법보다 훨씬 효과가 좋고 수월하며 부작용이 적다.

강아지 이야기를 장황하게 한 이유는 인간관계에 있어서도 유사한 일이 많이 벌어지기 때문이다. 대상이 강아지가 아닐 뿐이다. 화(怒)라는 감정은 인간에게 가장 깊이 잠재되어 있는 동물적 본성에 해당한다.

동물의 세계에서는 다른 수컷이 접근해 올 때 강렬한 화를 통해 경고를 표시한다. 영역과 무리를 빼앗길 수 있는 위기가 발생하기 때문이다. 화를 통해 호르몬 분비를 증가시켜 심장의 박동을 빠르게 만들고 싸울 태세를 최대한 갖춘다. 화는 상대방에 강력한 경고를 보내는 역할을 한다. 화는 싸움을 최소화하는 이점도 갖고 있지만, 상대방이 같이 화를 내는 경우 전투가 벌어지고 자연의 법칙에 따라 결단이 이루어지는 명료함노 갖고 있다.

가장 동물적이고 원초적인 감정이기 때문에 한번 화가 오르면 쉽게 흥분이 가라앉지 않는다. 호르몬의 변화가 뇌의 영역을 이미 제어했기 때문이다. 그래서 화는 통제가 되지 않는 속성을 지니고 있다.

위의 강아지 사례로 다시 돌아가 보자. 화(怒)를 내려는 시점에 강아지를 생각해 보자. 고릴라와 같이 무시무시하게 화를 내서 강아지에게 강렬한 경고를 주고, 그래도 강아지가 아무 곳에서나 배변을 즐긴다면 한판 붙을 것인가? 화를 낸다고 할지라도 전혀 소통이 되지 않는다. 소통이 되지 않는 사실을 알고 있다면, 화낼 일이 아니라 강아지 학교에 보낼 일이다. 최소한 유튜브를 찾아 강아지 배변 훈련을 시키는 방법이 더 현명하다.

화(怒)의 근원에는 탐욕이 숨어 있다. 동물의 세계에서도 내 영토와 무리를 나누어주면 화를 내지 않아도 될 것이다. 나를 지키고자 하는 마음과 내 마음 속에 있는 규칙과 절차에 따라 이루어지길 바라는 이기심이다. 강아지에게도 적용이 되고, 사물, 사건과 상황, 그리고 타인에게도 적용된다. 대상에 상관없이 내가 원하는 방향으로 안 되면 화가 나는 것은 동물이기 때문에 자연스러운 일이다.

화(怒)를 내는 대상이 타인이 아니라면 크게 무리가 없다. 어느 정도 시간이 지나면 자연스럽게 호르몬 수치가 내려와 안정을 찾기 때문이다. 그러나 혼자서 과도하게 화를 내는 모습은 주위의 눈살을 찌푸리게 하고 피하도록 만든다. 화를 내는 대상이 타인이라면 상황은 심각하게 된다.

화(怒)는 소통을 전제로 한 의사표현이 아니다. 본인이 갖고 있는 욕심과 이기심을 이해하지 못하고 1차원적인 소통의 방법으로 의사를 전달하는 경우 상대방은 이해할 수도 없다. 강아지의 경우와 다르게 인간은 언어를 통해 2차원적인 상황을 이해하고 소통할 수 있는 능력이 있다. 그럼에도 불구하고 화를 내는 경우 1차원적 의사만을 전달하는 오류를 범하는 일이다. 화를 내는 사람의 2차원적 욕심이 숨어 있는 경우가 많다. 상대방은 화내는 사람의 숨은 욕심과 이기심을 전혀 알 수가 없다. 더욱 어려운 점은 화를 내는 사람 자신조차도 숨어 있는 욕심과 이기심을 모를 때가 많다는 사실이다.

화(怒)에 대해 돌이켜 보면 그 감정의 속성 중에 독특한 부분이 있다. 보편적으로 발현되기보다는 강자에게서 주로 보이는 모습이다. 집단 내에서 약자가 강자에게 화를 내는 경우는 거의 드물다. 자신이 약자라는 사실을 잊었을 때 예외적으로 발생한다. 현대에는 다양한 형태의 조직이 얽혀 관계를 이루기 때문에 화의 모습도 복잡하게 변하고 있다. 상위에서 전달된 화는 하위 계층으로 파동을 이루어 전달된다. 중간에 상쇄되기도 하고, 파도가 중첩되어 더 커지는 것처럼 화가 더욱 증폭되는 경우도 있다. 조직을 넘어서 협력사 관계에서는 소위 갑질의 모습으로 바뀌어 나타나기도 한다.

약자의 경우 화를 받는 입장이 된다. 전쟁을 치를 것이 아니라면 같이 화를 낼 수는 없다. 화가 나더라도 꾹 참을 수밖에 없다. 강자가 반복적으로 화를 일삼는 경우 화가 쌓이게 된다. 강자로부터 화를 받고 또 다른 약자에게 화풀이를 하는 경우도 종종 발생한다. 화를 풀 곳이 없으면 화 대신 짜증이라는 감정을 선택한다. 소극적 방어인 셈이다. 짜증은 화에서 분기된 전염성이 강한 감정이다. 화를 낼 수는 없고 수용은 하되 싫어하는 표현이 가득한 형태이다. 화를 내지도 못하고 짜증을 표현할 수도 없는 상황에서는 수용하게 된다. 회의 지속적인 수용은 쌓이고 쌓이어 한(恨)이라는 감정으로 표현된다.

7가지 감정의 분류 중에서 당하는 사람 입장에서 화(怒)는 슬픔(哀), 두려움(懼), 싫어함(惡) 등의 부정적 감정을 일으키는 근본 원인에 해당한다. 화는 강한 감정으로 사람들의 마음을 멍들게 만든다. 멍든 상처와 쌓인 한은 쉽게 치유되기 어렵다. 그 만큼의 시간이 필요하다. 화(怒)에 대한 이해를 통해서 주위 사람들에게 아픔을 전달하는 일이 최소화되어야 한다.

감정은 스스로 조절할 수 있는 것은 아니지만, 습관과 이성에 의해서 좋은 방향으로 이끌 수는 있다. 어린아이들이 감정 조절을 못 하는 경우를 흔히 볼 수 있다. 두려워하며, 참지 못해 울고, 화를 내며 떼를 쓰고 억지를 부린다. 이때 부모가 이성의 논리로 설명하고 타이르기 시작하면 해결이 쉽지 않다. 어린아이는 아직 이성의 영역이 발달하지 않았기 때문이다. 감정의 눈높이를 맞춰주는 것이 우선이다. 감정에 대해 공감하고 동일한 마음이라는 것을 전달해줌으로써 주위에 자신의 편이 있다는 것을 인식하게 된다. 자신의 편이 있다는 것을 인식한 후에는 격렬한 감정은 수그러들고 대화를 시도할 수 있다.

아이는 자라면서 점차 상황에 대한 객관적인 이해와 감정 표출의 방식을 사회적 관념과 행동 습관을 통해 배워 간다. 성인이 되면 어린아이와 같은 감정 표출이 흔하지 않게 되는 이유다. 아이들이 울거나 화내면 그냥 놔두는 것도 하나의 방법이다. 울거나 화난 상황에 꾸짖거나 타협하려 한다면 아이의 마음이 정상적이지 않은 상황에서 협상을 하려는 것과 동일하다. 감정 표출 행위에 따라 증가된 호르몬의 양이 정상적인 상태로 돌아오는 시간이 필요하다. 감정 조절은 호르몬 변화량을 조절하는 연습이자 훈련이다. 아이가 몸과 마음의 균형을 찾아 가는 과정이다. 그렇기 때문에 스스로 조절하는 능력을 키울 수 있도록 기다림을 선택하는 것도 하나의 방법이다. 감정이 격화된 상황에서 협상이나 타이름의 시도는 오히려 그 감정을 유지함으로써 유리한 고지를 점유할 수 있다는 의식을 향상시킨다. 호르몬량을 늘리고, 격화된 감정을 지속시키는 일이다. 이는 아이에게 도움을 주는 방향이 아니다.

어른의 경우에도 감정을 다스리는 습관 형성이 좋지 못한 경우가 종종 있다. 감정에 대해 공감과 이해를 받고자 하는 욕구, 그리고 내 마음대로 되지 않는 일이 쌓이는 경우이다. 그런 것이 충족되지 못할 때 꾹꾹 눌러 마음에 담아 두게 된다. 그리고 폭발의 임계점에 도달하면 분출한다. 때론 화(怒)는 슬픔(哀), 두려움(懼), 싫어함(惡)으로 마음을 담아낸다. 이성의 영역이 지배하는 만큼 감정의 표현이 부드러워진다. 상대방에게 자신의 응어리진 감정을 2차원적으로 표현하는 도구로 활용되기도 한다.

하지만, 이성과 결합하여 치밀하고 교활한 방법으로 증오나 싫어함을 표현하는 도구로 사용되기도 한다. 자신을 드러내지 않고 상대를 곤란하게 만드는 일이다. 왕따라는 형태가 대표적이다. 사람들을 교묘히 이끌어 따돌림을 유도하고 다수가 공격하도록 만드는 방법이다.

감정은 욕(慾)구나 욕(慾)심의 형태로 표출되기도 한다. 물건을 과다하게 구매한다든가, 자신의 우월감을 자랑하는 행위로 분출된다. 욕(慾)심은 다른 감정보다 은근하며, 지속적이고 중독성이 강하다. 채우기 시작하면 더 많은 것을 원하는 속성을 지닌다. 얻기 어려운 상황에 처하면 더 강렬히 원하는 마음이 작용하기 때문이다. 마치 계속 먹어도 목마르고 배고픈 아귀와 같은 상황으로 마음을 몰고 간다.

3. 언어의 의미

언어는 10만 년 전 정도부터 사용되었다고 추정한다. 2백만 년 구석기 시대의 마지막 5%에 해당하는 시기이다. 불을 본격적으로 다루기 시작한 시기와 비슷하다. 약 5만 년 전 인류의 대이동과 배와 활 등 다양한 도구의 활용은 언어의 필요성을 더욱 증가시켰다. 언어를 통해서 유인원의 틀을 깨고 생각하고 소통하는 인간으로 거듭 태어난다.

언어는 인간의 내면과 외부 세계와의 징검다리 역할을 수행한다. 인간은 오감으로 전달되는 정보를 일정한 체계로 뇌의 곳곳에 저장한다. 그 정보를 기반으로 생성되는 감정도 다시 기억 속으로 저장된다. 삶에 대한 모든 것이 기억으로 쌓이면서 우리의 생각과 행동의 기반이 된다. 이 일련의 반복 과정에서 집단 내 사람들로 하여금 유사한 인식을 갖게 만든다. 언어는 소통의 역할 이외에도 문화의 동질성과 유사성을 이끌어준다. 동일한 언어를 사용하지만 지역마다 약간씩 다른 형태의 방언을 사용하는 이유는 문화적 동질성에 차이가 생기기 때문이다. 동일한 사투리를 사용하는 사람을 만나면 동질감과 친밀감을 더 느끼는 이유이다. 외국인을 만나 소통한다고 생각해 보자. 내면과 외부 세계와의 다리가 끊어진 느낌을 알 것이다. 급한 일이 발생할수록 소통의 절실함을 더욱 실감하게 된다.

언어에 대한 속성은 노자 사상의 7계층 중에서 가운데인 4번째 계층 (言善信)에 위치한다. 정체성(居), 마음(心)과 대함(與)이 내면이라면 그 내면의 세계를 외부와 주고받는 역할을 수행하는 계층이 언어다. 다스림 (政), 일(事)과 활동(動)에 대한 질서와 규칙을 정리하여 내면의 세계로 전달하는 역할이다. 외부 세계의 모습과 상황을 구분하고 묘사하여 내부 계층에서 이해할 수 있게 구조화한다.

모든 사람마다 다른 언어로 이야기한다면 현상과 사건에 대한 소통이 이루어질 수 없다. 같은 현상을 두고 다른 방식으로 설명하는 것도 마찬가지이다. 그래서 언어의 속성은 투명함을 전제로 한다. 동일한 사물과 동일한 현상은 동일하게 지칭될 수 있어야 한다. 하늘을 두고 누구는 파란색으로 설명하고, 누구는 빨간색으로 받아들인다면 소통이 원활할 수가 없다. 즉, 언어의 쓰임은 소통을 투명하게 함에 있다.

표면적으로는 A를 이야기하고 그 내면에는 B를 감추고 있다면 소통에 혼란이 유발된다. 정치의 세계에서 흔한 일이다. 정치뿐만 아니라 일상에서도 심심치 않게 찾아볼 수 있다. "철수야" 이름 부를 때에도 마음의 상태에 따라 다른 소리를 내게 된다. 감정에 온화함과 사랑이 실려있는 엄마가 부를 때와 저주와 증오의 마음이 가득한 헤어지기 직전의 연인이 부르는 이름은 억양이 현저히 다르다. 이름을 부를 때처럼 마음(心)과 대함(與)은 상황에 따라 다르게 전달된다.

철수라는 친구와 24시간 동고동락하는 상황이 아니라면 그 친구의 생활을 모두 알 수는 없다. 몇 달 만에 만나는 상황이라면 나의 기억 속에 있는 친구의 정체성을 기초로 이름 부르게 된다. 몇 년 만에 만났다고 생각해 보자. 철수는 이미 내가 알고 있는 정체성의 철수가 아니다. 많은 성장과 변화를 이룬 철수이다. 그럼에도 불구하고 우리는 마음에 반가움을 담아 철수라고 이름 부른다. 철수가 성장하고 변했더라도 근원적인 정체성을 의심하지 않는다.

도덕경 1장의 명가명 비항명(名可名 非恒名)의 의미를 다시 되짚어 보자. 정체성, 마음(心), 대함(與) 어느 것 하나 이 세상에서 정지해 있는 것은 없다. 세상은 항상 변한다. 그러나 우리의 언어는 동일한 것으로 지칭한다. 세상의 모든 것은 변하는데, 이름 붙이고 지칭할 때는 편의상 같은 의미로 부른다. 인간의 언어가 지닌 한계이다. 한 사람에 대한 명칭 정의에도 한계가 존재하는데 복잡한 세계의 변화 상황을 언어로 표현하고 정리하는 것은 더욱 어려운 일이다. 많은 모순과 제약 사항을 동반한다. 5~7계층에 해당하는 다스림(政), 일(事) 그리고 활동(動)을 관련 언어로 정확하게 표현하고 전달하는 것은 어떻게 보면 불가능하다. 어느 정도 이해하고 소통하는 수준에서 언어의 교환이 이루어질 뿐이다. 원만하게 서로의 내면과 외면의 이해를 무리 없이 주고받으며 살아가면 충분하다.

언어는 문화의 발달과 더불어 분화되어 확장되고, 단축되며 축약되기도 한다. 과거에 비해 지속적으로 더 많은 단어와 표현이 생겨나고 있다. 언어의 능숙한 활용은 자신의 내면과 외부 세계를 잘 묶어주고, 타인과의 소통에 도움을 준다. 언어는 단순한 감정 표현 위주의 소통보다 훨씬 더 세련된 마음의 교환을 가능하게 만들고, 지식과 정보의 교류를 촉진시킨다. 단순히 내부와 외부의 세계에 대한 다리 역할 이외에도 외부 세계의 체계를 설계하고 구축하여 문명을 이끄는 도구로 활용된다.

언어는 오선지 위에 일정한 부호로 표현되어 음악이라는 형태로 발현되기도 하며, 과학과 수학, 기술의 영역에서는 기호와 숫자로 이루어진 구조체가 되기도 한다. 언어는 음악, 미술, 신체의 움직임과 조합을 이루어 연극, 영화, 공연의 형태를 이루기도 한다. 어떤 형태로 표현이 이루어진다 하더라도 사람들이 가장 열광하는 것은 내면의 깊은 마음이 전달되어 감동을 주는 경우이다. 무엇보다도 보통 사람과는 다른 그 사람만의 정체성이 표현될 때이다. 그리고 따뜻한 인간적 대함이 언어로 전달될 때이다.

다스림(政), 일(事), 활동(動) 계층의 언어는 절차와 질서, 규칙, 규약, 법(法)이라는 코드를 만든다. 이런 언어는 한마디로 딱딱하다. 인간이 만든 딱딱한 절차, 질서, 규칙, 규약, 법은 오류를 많이 내포하고 있다. 오류와 모순을 포함하기 때문에 법과 같은 강제적 규약은 최소화하는 것이 좋다. 법으로 사람들을 다스리고 일을 시키며 행동을 통제하는 것보다 사람들의 자유의지에 따라 일과 활동을 잘 할 수 있도록 도움을 주는 안내서가 더 바람직하다.

도덕경 67장에서는 이상적인 사회의 모습을 기술하고 있으며, 언어 사용에 대해 다음과 같이 언급하고 있다.

使民復結繩而用之

(사민복결승이용지)

서민들이 다시 새끼줄을 엮어 의사소통하도록 하라.

서민들이 새끼줄을 엮어 만든 기호(결승문자)로 의사소통할 정도로 삶을 단순하고 담백하게 만들어 주라는 의미이다. 우리는 이미 이런 결승문자를 활용하는 시대로 진입했다. 현대의 삶은 더없이 복잡해지기도 했지만 나의 소식과 감정을 멀리 떨어진 다른 사람에게 실시간으로 전할 수 있다. 군이 정제된 문자와 글이 아니어두 가능하다. 이모티콘 활용이다. '~^^~', '^^♡♡' 이런 형태이면 충분하다. 군이 먼 거리를 달려가거나, 차를 타고 이동하지 않아도 된다.

우리는 언어를 통해서 지식을 배우고, 그 지식을 기반으로 다시 사회의 체계를 쌓아올리고 있다. 그 체계에 의해 사람을 다스리고 일을 하며 일에 대한 대가를 배분한다. 주어진 시간 내에서 얼마나 더 많은 성과를 이루고 이익을 창출하는가에 따라 대가가 많아지도록 설계하고 있다. 언어는 지식을 흡수하는 도구이자 흡수된 지식을 활용하여 다른 사람을 관리하고 이용하는 도구로 사용되고 있다. 이에 치중하고 있다면 언어를 반쪽의 의미로만 사용하고 있는 셈이다. 주위에 나의 내면을 전달하고 따뜻하게 대하는 언어가 필요하다. 빠르고 복잡한 변화의 시대에서 물질 위주로 바라보며 살다 보면 잊기 쉬운 부분이다. 마음을 전하는 언어가 우리 시대에 가장 필요한 언어이다.

4. 나를 다스리는 삶

정치(政治)라는 용어는 보편적으로 국가를 다스리는 일의 의미로 사용되고 있다. 정치인의 모습을 상기하다 보면 오히려 그 뜻에 대한 느낌이 좋지 않은 방향으로 왜곡되어 다가오기 쉽다. 치(治)라는 글자를 살펴보면 물이 흐르는 곳을 잘 다스려 백성들의 입에 수저를 가져갈 수 있도록 만들어 준다는 의미를 지닌다. 농경 사회에서 물을 잘 다스리는 치수는 백성들이 먹고살 수 있는 식량 생산의 증대를 뜻한다. 즉, 정선치(政善治)는 백성들이 생업을 잘 이룰 수 있도록 나라를 다스린다는 의미이다. 나라를 다스리는 것에 대한 정의와 방법은 무한하다. 바라보는 관점에 따라 논란이 끝없이 제기될 수 있는 부분이라 여기에서는 제외하기로 한다. 나를 다스린다는 것(政善治)은 무엇일까? 나를 다스린다는 것은 몸과 마음의 영역을 제어하고 관리함을 의미한다.

나를 다스린다는 것을 이해하기 위해 나를 구성하는 요소가 무엇인지 먼저 살펴볼 필요가 있다. 오온(五蘊) 기준으로 나를 정의하면 나의 신체는 색(色)이다. 그 다음 구분이 되는 영역이 마음(心)의 영역인데, 마음은 더 나누어 보면 마음의 기저를 이루는 자세, 태도, 습관, 관습 등으로 이루어진 영역과 감정 그리고 이성의 세 가지 영역으로 나누어진다. 그리고 안쪽에 생각(想)의 영역과 지식을 포함한 앎(識)의 영역으로

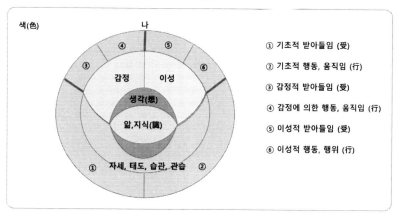

오온(五蘊)

색(色)

나

감정　　이성

생각(想)

앎, 지식(識)

자세, 태도, 습관, 관습

① 기초적 받아들임 (受)

② 기초적 행동, 움직임 (行)

③ 감정적 받아들임 (受)

④ 감정에 의한 행동, 움직임 (行)

⑤ 이성적 받아들임 (受)

⑥ 이성적 행동, 행위 (行)

나누어진다. 나의 정신 세계와 신체를 연결해 주는 공간은 위 그림의 ①~⑥의 형태로 구분할 수 있다. 세 가지 영역이 외부 세계로부터 받음(受)과 외부로 표현(行)하는 과정으로 이해할 수 있다.

시각, 청각, 후각, 미각, 촉각인 오감(五感)으로부터 받아들이는 과정과 신체의 각 부위와 언어를 활용한 행동을 통해서 외부로 표현하는 활동이 이루어진다. 이 과정을 어떻게 다스리는지에 따라 습관과 관습에 의해 사는 고정적인 사람인지, 감정 지배에 더 의존하는 감성적인 사람인지, 이성을 더 많이 활용하는 이성적인 사람인지 분류할 수 있다.

특정 부분에 더 많이 좌우되는 성향이 뚜렷한 사람이 있는 반면 크게 치우치지 않고 균형을 갖춘 사람도 있다. 오감의 특정 부분이 민감하며 감성적으로 예리하고 세밀한 부분을 잘 이해하는 사람이 있으며, 감각이 둔하고 감성도 둔한 사람도 존재한다. 이성적 측면이 넓게 발달하여 깊이 사고하는 사람이 있으며, 알고 있는 사실과 빠르게 비교하고 통합하는 능력을 가진 사람도 존재한다. 사람의 속성은 기본적인 측면과 생각, 그리고 살면서 쌓아 온 지식과 앎의 영역의 변수와 조합하여 무한한 다양성을 지닌다. 그래서 나를 잘 다스리기 위해서는 위와 같은 내면 요소에 대한 이해가 필요하다. 그 후 자세와 태도를 바르게 제어하면서 지식을 쌓고 생각을 넓힌다. 그 기반 아래 균형 있게 이성과 감성의 영역을 활용하는 능력을 키우는 일이 나를 다스리는 활동이다.

감정이 풍부한 사람은 감수성이 예민하고 감정의 의존도가 높은 사람으로 비춰진다. 반면 감정의 기복과 변화가 적은 사람은 살아오면서 습관과 자세에 의해 감정의 동요를 억제하였거나 감정에 지배되지 않도록 이성을 활용하는 습관과 능력을 키운 사람이다. 마음이 자유로운 사람은 감정에 크게 동요되지 않는다. 감정이 일어나지 않는다는 의미는 아니다. 마음의 세 가지 영역으로의 자유로운 이동이 가능한 사람을 의미한다. 상황을 받아들일 때 감정의 동요를 자각하고 화, 두려움, 불안, 불만, 스트레스 등 부정적 감정이 일어나는 경우 사실 인지 과정에서 객관화를 통해 불필요하게 감정이 증폭되는 것을 최소화한다.

"누가 나의 오른뺨을 때릴 때에는 왼뺨도 내밀어라"라는 말이 있다. 오른뺨을 맞은 상황에서 감정에 의존하면 절대로 왼뺨을 내밀 수 없다. 상식과 통례를 벗어나 나의 오른뺨을 때리고 싶을 만큼, 상대방의 뇌리 속에는 분노와 흥분이 가득 차 있음을 이해함이다. 그런 상황이라면 오른뺨도 내밀어 상대방의 분노를 가라앉히는 데 도움을 줄 수도 있다. 감정보다는 상대방을 먼저 살피는 이성과 이타적 생각이 크게 우위를 점해야만 행할 수 있는 일이다. 오른뺨을 맞고도 감정의 동요가 없을 자신이 있는 경우에만 추천한다. 상대의 감정에 동조해주고 감정이 가라앉은 후에 대화를 시도하라는 의미도 지닌다.

감정과 감수성에 대해 살펴보자. 감수성은 감정의 민감도를 의미한다. 감정의 세밀한 변화를 느끼는 정도이다. 감수성이 예민한 사람과 무딘 사람이 같이 있을 때 서로의 교감은 제로에 가까워질 수 있다. 감정이 풍부한 사람과 무딘 사람이 같이 있을 때도 유사하다. 사람에 따라 어떤 사람은 감정이 풍부하고 어떤 사람은 감정이 무디다. 하지만 어느 쪽이 좋다거나 나쁘다고 할 사항은 아니다. 어떤 때에는 전자의 성향이 더 도움이 되고, 다른 상황에서는 후자가 유리할 수 있다.

감정이 풍부하고 감수성이 예민한 사람은 감정을 표현할 경우에 때와 장소를 가려야 할 필요가 있다. 내가 느끼는 것과 마음속에 있는 내용을 증폭시켜 과다하게 표현을 하는 경우 오히려 역효과를 낼 수 있다. 과민반응이 이에 해당한다. 역으로 감정이 무딘 사람들은 "넌 참 속도 편하다" 또는 "참 답답하다"는 이야기를 듣기 쉽다. 하지만, 느끼지 못하는 부분에 대해 알 수는 없다. 달리기가 느린 사람이 앞서가는 빠른 사람의 얼굴 표정을 바라보고 설명할 수는 없다. 그저 나보다 빨리 달리는 사람들이 있다는 사실을 이해해야 한다. 빠른 사람에게 나처럼 느린 사람의 속도를 맞추어 뛰어야 한다고 주장한다면 환영을 받을 수 없다. 감정은 달리기와는 다른 면이 있다. 일부러 천천히 달리는 것과 같이, 감정이 빠른 사람이 감정을 천천히 나타나게 할 수는 없다. 외부 현상 및 자극에 대해 분출되는 호르몬의 양을 조절할 수 있는 사람은 없다. 다만, 그것을 느끼는 동시에 객관적으로 인식하고 감정 증폭을 최소화하려는 노력을 할 뿐이다. 감정을 통제하고, 강제로 눌러 제압하려는 시도는 오히려 감정을 강하게 불러일으키는 역효과를 가져온다. 감정 억제가 아닌, 있는 그대로 받아들이는 자각이 감정 제어에 더 효과적이다. 스스로의 감정에 대해 그것이 어떤 요인에 해당하는지 왜 나에게 커다란 동요를 일으키는지 이해하려는 노력이 최선이다. 기쁨과 즐거움의 감정은 대개 문제가 되지는 않는다. 마음껏 즐기면 된다. 괴로움, 불안,

증오, 불만 등의 감정이 과다할 때가 주로 문제가 된다. 물론 기쁨, 즐거움 역시 다른 사람을 괴롭히는 형태의 쾌락이라면 곤란하다. 감정에 대한 자각이 필요한 이유는 궁극적으로 나를 올바로 이끌기 위함이다.

이성을 다스린다는 것은 나의 의식 구조와 사회 윤리를 같은 방향으로 만드는 일이다. 그렇지 않다면 나와 사회의 가치관에 틈이 생기고 나의 이성에 의한 활동이 사회에 부작용을 유발할 수 있다. 욕심과 두려움, 증오 같은 기저에 숨어 있는 감정에 의해 이성이 통제되는 경우도 경계해야 한다. 인간의 이성은 가장 늦게 성장한다. 나의 신체와 가장 멀리 떨어져 있는 영역에 해당한다. 이성의 활동을 위해서는 지식과 생각을 동원하여 뇌 속에서 온갖 사고의 실험이 필요하다. 먼 곳에 위치한 이성을 활용하기 위해서는 그만큼 많은 정신적 에너지 소모가 필요하다. 가장 에너지 소모가 적은 활동은 습관에 의해 그냥 사는 것이고, 다음이 감정에 의존하는 방법이다.

나의 행동을 살펴보자. 밥을 먹을 때 숟가락을 입에 가져가는 행위에는 이성도, 감성도 관여하지 않는다. 그동안 익혀 온 습관과 관성에 따른다. 생활 활동의 대부분이 별다른 생각 없이 이루어진다. 움직임 하나하나 두려움에 떨며 행동하거나, 이성에 의해 계산하고 동작해야 한다면 엄청난 에너지를 소모하게 된다. 한쪽 팔에 문제가 있다고 가정하고 하루를 지내 보자. 신체의 특정 기능에 문제가 발생한다면 이 부분에 대한 의미를 확연히 느끼게 된다. 우리는 하루 중 대부분의 활동을 자세, 태도, 습관이 익혀 온 관성에 따라 움직인다. 그리고 약간의 감정과 이성을 활용한다. 이성은 주로 변화의 상황에 활용된다. 기회와 위기를 유리하게 이끌 필요가 있기 때문이다.

인간은 동물과 달리 습관과 행동을 유연하게 변형할 수 있는 능력이 있다. 동물은 자율 의지에 의해 잠을 줄이고 그 시간을 활용하여 집단 내 유대감을 강화하거나 먹이를 더 찾아 나서는 활동을 하지 못한다. 동물의 한계다. 인간은 필요에 따라 잠을 5시간으로 줄이기도 하고 숙면을 위해 수면 습관을 유연하게 변형하기도 한다. 일을 하는 방식을 수정하고 바꿀 수 있다는 사실은 강조할 필요도 없다.

사회적으로 물의를 일으킨 사람 또는 인생을 후회하는 사람이 자주 하는 이야기가 있다. "나는 내 삶의 우울한 환경과 굴레에서 벗어나기 어려웠다"와 같은 핑계의 언어이다. 동물처럼 처해진 조건과 행동 습관에서 벗어나지 못했다는 의미이다. 결국은 동물과 같은 삶을 후회하는 일과 다름없다. 마음을 바꿈으로써 자세와 태도, 습관 그리고 감성, 이성도 나의 의지에 따라 자유롭게 활용할 수 있고 개선할 수 있다. 우리가 부족한 것은 그 벽을 깨부수고 넘어서고자 하는 의지이다.

우리는 부처를 깨달은 자라고 한다. 2,500년 전 싯다르타 부처 이외에도 그 이전과 이후 인간의 역사를 거쳐 간 깨달은 자들을 모두 통칭한다. 부처는 깨달음을 얻어 자유의지로 살아가는 사람을 "타타가타"라 표현했다. 스스로의 자유에 의해 살아가는 사람이다. 노자의 무위자연(無爲自然) 사상과 상통한다. 인위적으로 무엇을 하는 것이 아니라 자연스러운 흐름에 따라 자유의지로 사는 삶이다.

다스림(政善治)에 대해서 개인 차원을 넘어 사회적, 국가적 차원에서도 유사하게 확장하여 생각해 볼 수 있다. 국가적 차원에서 사회의 관습을 좋은 방향으로 장려하고, 사람들이 얕은 감정에 흔들리거나 지배되지 않도록 하며, 사회적 이성을 활용하여 합리적인 방향으로 국민의 삶을 이끄는 일이다. 이 과정에 무엇을 억지로 하거나 강제하지 않는다. 천천히 바뀌더라도 사회 스스로 개선을 이루도록 체계를 만들어 가는 노력이 필요하다.

강제한다는 것은 사회 구성원을 끌려다니는 삶으로 이끄는 길이다. 사회 구성원들이 정체성을 잃고 자유의지를 상실한 삶을 살도록 강요하는 것과 같다. 우리가 내세우는 가치가 자유와 행복이라면 사회 구성원의 자유를 빼앗아 가는 일을 최소화해야 한다. 사회의 시스템과 체계가 취약점을 갖고 있다면, 그것을 개선하는 과정에서 국민을 강제하고 억압하는 방식은 올바른 다스림이라 할 수 없다.

국가와 사회를 구성하는 요소 중 가장 깊은 곳에 위치한 정체성이 흔들리기 시작한다면 국민들의 마음과 태도, 언어, 법과 질서, 삶을 영위하는 일과 관련된 모든 것이 바르게 흘러가기 어렵다. 작은 시냇물이 모여 하천을 이루고 큰 강물이 되어 흐르듯 사회는 시간을 따라 조금씩 흐르고 변해 간다. 잠시 멈추고, 변화가 없는 듯 느껴질 수도 있지만, 그것은 일시적인 현상일 뿐이다. 수많은 사람들이 상생하며 끊임없이 영향을 주고받고 있다. 때론 천천히 흐르고, 때론 역류를 형성하여 거꾸로 가기도 하며, 와류를 형성하여 소용돌이치며 제자리를 맴도는 일시적인 흐름의 왜곡이 있을 뿐이다. 잠시 흐름을 바꾸거나 영향을 줄 수는 있으나 큰 흐름의 본질을 막을 수는 없다. 위상에 연연하지 않는다. 나를 내세우지도, 사심 가득하지도 않다. 내가 속한 집단의 이익을 추구하지도 않는다. 깨끗하고 투명하며 주위와 조화와 질서를 이루어 순응하여 흐르고 흘러 거대한 대양을 이룬다. 이 얼마나 자유로운 흐름인가!

5. 일에 대하여

일의 의미는 무엇일까? 현대인은 대부분 일과 스트레스를 동전의 양면처럼 같이 지니고 살아간다. 일은 스트레스를 유발하고, 스트레스로부터 해방되고 싶은 마음이 간절해지도록 만든다. 그러면, 일이 없는 상태가 바람직할까? 그렇지도 않다. 일을 그만둔 사람도 시간이 지나면 다시 무엇이든 하고 있다. 일을 하지 않으며 베짱이처럼 시간을 보내는 사람도 그 나름대로의 일이 있는 셈이다. 다만, 다른 사람이 볼 때 그냥 놀고 있는 것처럼 보일 뿐이다.

일에 대해 어떻게 정의하고 받아들여야 할까? 살아가면서 하는 활동 대부분이 일이다. 영역을 좁혀 생계유지를 위해 돈을 버는 수단으로 한정할 수도 있다. '일'을 위키피디아에서 찾아보면 그 의미가 다음과 같다. '자신, 다른 사람, 사회를 지지, 지원하기 위한 의도적인 활동'이다. 지원의 의미는 생계유지가 포함된 포괄적인 의미이다. 일을 의미하는 한자는 사(事)와 업(業)이 대표적이다. 사(事)는 판사, 검사, 의사, 기사 등 좀 더 공식적인 형태의 일을 지칭하는 직업의 의미로 사용된다. 업(業)은 활동과 수행의 관점에서 주로 사용된다.

불가에서는 업(業)을 더 포괄적 의미로 해석한다. 행동과 말과 생각이 빚어 내는 모든 활동이라고 설명한다. 그 활동이 악(惡)에 가깝다면 악

업(惡業)을 쌓는다고 하고, 좋은 일이라면 선업(善業)을 쌓는다고 한다. 누구에게나 선업(善業)을 쌓아 가면서 사는 것이 권장된다.

근대 산업화 시대 이전의 일은 대부분 식량을 생산하는 농사와 관련되어 있었다. 소수의 사람들이 상인, 기사, 군인, 사제, 귀족 계급으로 분류되어 다른 일을 수행했다. 직업에 대한 선택권이 없었으며 부모의 일을 대대로 물려받았다. 다른 일을 할 수 있다는 기대감도 미미했다. 일을 배우는 과정은 주위에서 전수받는 형태이다. 방식의 변화가 거의 없었기 때문에 기술도 느리게 변화했다. 성과의 차이에 있어서 남들보다 조금 더 부지런하고 정성을 기울이면 약간 더 많은 수확을 기대할 수는 있는 정도이다.

그러면 스트레스가 가득한 현대인이 농경 사회인과 비교하여 더 행복하다고 할 수 있는가? 스트레스가 높은 상황에서 일을 하고 있는 현대인은 과거의 모습이 내 형편보다 훨씬 좋을 것이라고 주장할 수 있다. 자연친화적이고, 경쟁 속에서 살지 않아도 되는 인간적인 모습을 그리워한다. 사회 및 조직의 복잡한 구조에서 발생하는 모순과 비도덕성을 괴로워하지 않아도 되고, 비양심적인 동료나 상사의 행위에 대해 분노하지 않아도 될 것이라 생각할 수 있다. 과거를 불투명하고 아득하게 바라보고, 현재는 가까이에서 현실을 느끼기 때문에 발생하는 오해이다. 일에 대한 정의와 바라보는 방식과 시각에 따라 그 삶은 다르게 보일 것이다. 현대인의 일에 대한 가치관도 마찬가지이다. 어떤 면을 어떤 방식으로 바라보는지에 따라 생각은 바뀔 수 있다.

과학과 기술의 뒷받침이 없는 과거의 농사는 날씨와 기후 변화에 취약했다. 애써 심어 놓은 작물이 가뭄에 의해 말라 죽거나 과다한 비로 뿌리가 썩거나 홍수로 떠내려가는 경우도 비일비재했다. 이를 극복하기 위해 물을 길어 나르고, 둑을 쌓는 수고를 더해야 했다. 중장비와 기계가 없는 상황에서 인간의 힘은 미약하다. 그나마의 노동의 수고도 한순간 물거품이 되는 경우가 많았다. 흉년이 드는 경우 먹을 수 있는 무엇이라도 얻기 위해 주린 배를 움켜잡고 산과 들로 찾아 나서야 했다. 산이 없는 평야 지대에서의 가뭄으로 많은 사람들이 굶어 죽는 참사도 발생했다.

조금 더 거슬러 고대 수렵인의 삶에서 일의 의미를 살펴보자. 수렵 시대 일의 의미는 식량 확보를 위한 제반 활동이다. 사냥 및 채집 활동과 사냥 준비를 위해 도구를 만드는 일, 그리고 효과적인 사냥을 위한 부족의 결속 강화와 성공을 기원하는 활동들이다.

고대 수렵 시대로 돌아간 자신의 모습을 상상해 보자. 과연 일하는 과정에서 발생하는 스트레스가 없었을까? 스트레스는 삶의 복잡함보다 일하는 과정에 자신 스스로를 정신적으로 옭아매기 때문에 발생한다. 일하는 과정에서 발생하는 사건과 관계에 대한 태도에서 스스로 스트레스를 만들게 된다. 수렵 시대라고 하더라도 혼자서 수렵, 채집을 통해 살기는 불가능하다. 부족 사람들과 원활한 협업과 일의 분담이 필요하다. 채집 활동 중에 배가 고파서 슬며시 허기를 달래는 행위로 질타를 받을 수 있다. 협업과 분담의 과정에서 일어나는 다양한 사건들 중에 시기와 질투, 멸시의 눈초리도 발생할 수 있다. 현대 조직에서 벌어지는 이익과 공유, 배분 관련된 스트레스 상황과 별반 다르지 않다. 식량이 풍부하고 부족 사람들의 마음이 따뜻하다면 조금 더 여유로울 것이다. 식량이 부족하여 삶이 어려운 상태가 지속되면 관계가 험악해질 수 있다. 현대에도 회사의 이익이 줄어드는 상황에서는 조직의 긴장이 팽배하게 되며 스트레스는 가중된다.

스트레스를 받아들이는 구성원의 자세에 따라 그 집단의 모습은 다르게 전개된다. 과거 그리고 현재에도 일의 수행 과정에서 어려움이 없었던 적은 없다. 오히려 과학과 기술이 발달하지 않았기 때문에 미신과 두려움에 떨었고 두려움을 해소하는 방법 또한 합리적이지 않았다. 자신의 스트레스가 일 자체의 어려움에서 오는 것인지, 주변과의 관계에서 발생하는지 이해해야 한다. 스스로 찾는 것이 어렵다면, 주변에 도움을 구하는 것도 한 방법이다. 일 자체의 어려움이라면 일에 대한 배움이 필요하다. 이를 통해서 자연스럽게 문제가 해결될 수 있다. 하지만 관계의 문제라면 상황이 다르다. 조직과 개인 모두 최대의 성과와 이익을 거두기 위해 노력하는 경향이 있다. 조직과 개인 관점의 성과와 이익만 바라보고 관계에 소홀하거나 무시할 때 스트레스는 가중된다. 일을 하는 과정에서 발생되는 부작용이다. 부작용이 지속되고 스트레스가 축적되면 일의 의미를 잃고 회의감마저 느끼게 된다.

우리는 살면서 대부분의 시간을 일하며 보낸다. 일의 의미를 잃어버린 상태로 방황하는 것은 인생을 방황하는 것과 동일하다. 많은 사람들이 방황하다가 인생이란 긴 시간을 헛되이 소비한다. 방향을 잃어버렸기 때문이다. 인생을 한참 달려온 후에 나이가 들어 '인생무상(人生無常)'이란 단어를 들먹이며 후회하곤 한다. 삶의 방향에 대해 그리고 그 방향과 결부된 일의 의미에 대해 충분히 고민하지 않고 그냥 삶을 달려온 후 느끼는 아쉬움이다.

일로부터 얻을 수 있는 것은 노동의 금전적 대가 이외에도 많다. 사람들 사이의 유대감과 일을 이루어 낸 기쁨, 성취감 등의 즐거움이 있다. 그리고 일은 나를 조금씩 성숙시키는 도구로도 활용된다. 일을 통해서 나를 올바로 다스리는 방법을 배우고, 주위와 좋은 관계를 맺으며, 사람들을 따뜻하게 대하는 기회를 얻고, 나의 마음을 깊고 넓게 만드는 계기가 된다. 이런 과정을 통해 나의 자아가 가고자 하는 방향으로 스스로를 인도한다. 대단한 성공을 이루고 명성을 얻어야 자아실현을 하는 것으로 여기는 것은 오해이다. 자아실현은 나의 정체성을 이해하고, 나의 정체성에 맞게 작은 일이라도 위의 과정을 아름답게 만들어 가면서 사는 모습을 의미한다.

수렵과 채집의 과정에서 위험에 빠질 수 있듯이 현대에서도 일을 수행하는 중에 다양한 위기와 문제를 마주할 수 있다. 위기와 문제라는 장애물이 존재하기 때문에 그 결과가 달콤하고 향기로울 수 있다. 신체적, 정신적, 그리고 환경이 가지는 한계가 존재하기 때문에 그것을 보완하고 발전적으로 만들 기회가 생긴다. 즉, 부족함은 채울 수 있는 기회를 준다. 채운 후에는 나와 주위를 되돌아봐야 한다. 채운 후에도 더 많이 채우지 못해 안달하는 것은 과도한 욕심이 작동하기 때문이다. 욕심은 채우고 채워도 더 많은 것을 요구한다. 위기와 문제가 무엇이었는지? 그 채움으로 어떤 사람들의 위기와 문제가 해결되었는지? 나의 관점과 나의 욕심을 기준으로 되돌아보는 것이 아니라 우리의 관점에서 살펴보는 마음이 바람직하다.

일은 신체적, 정신적인 활동을 건강하게 이끌어준다. 은퇴 이후의 삶에서도 일의 모습은 다양하다. 은퇴한 후에 다시 방황을 시작하는 사람들도 적지 않다. 목표와 결과가 주는 금전적 가치로만 일을 해석해 왔기 때문이다. 건강한 활동을 이끄는 모든 것을 일로 생각할 수 있다. 신체적 활동 능력이 젊은 시절에 비해 확연히 낮아지기 때문에 소위 '소일거리로 시간을 보낸다'는 표현이 적절할 수 있다. 소소한 일상의 일이 더 적절하다는 의미이다. 은퇴 이후에도 생계를 위해 열심히 뛰어야 한다면 은퇴라고 할 수 없지 않은가! 아직 사회를 위해 큰일을 해야 한다고 생각한다면 그 또한 마찬가지이다.

아직 일에 대한 의미를 스스로 정립하지 못했다면 지금이라도 되돌아볼 필요가 있다. 경제적 위험을 감수해야 하는지? 신체적, 정신적인 스트레스를 감수하고 일을 해야 하는지? 심각한 위험을 계속 감수해야 한다면 일을 대하는 자세가 확연히 달라질 것이다. 누가 자신의 건강을 망가뜨리면서 일하길 원하겠는가? 누가 일하는 과정에 정신적으로 피폐해지길 원하겠는가? 양심을 버리게 되며, 마음속 깊이 괴리감을 짊어지는 일이라면 올바르다고 할 수 없지 않은가? 그런 상황이 만들어지고 있는지 나의 일에 대해 다시 한번 의미를 점검해 볼 시점이다.

일에 대한 의미를 충분히 이해하고 있다면 스트레스를 쉽게 이겨낼 수 있다. 정신적인 스트레스의 증가는 대개 자신을 스스로 어렵게 만들기 때문에 발생한다. 스스로 사고의 벽에 갇혀 자신을 괴롭히는 경우가 대다수이다. 일의 의미를 눈에 보이는 것만 기준으로 삼는 한계가 있기 때문이다. 눈에 보이지 않는 부분을 먼저 살펴보는 것이 필요하다. 쓰임과 용도에서 일이 나에게 어떤 의미를 주는지? 관계의 관점에서 출발하는 것도 좋다. 어떤 것을 바라보고, 어떤 의미를 부여할 것인지는 스스로 찾을 일이다.

노자는 주어진 상황에서 나의 자유의지를 지키는 것이 가장 중요하다고 설명하고 있다.

多聞數窮, 不若守於中

(다문삭궁, 불약수어중)

재촉하는 말을 많이 들어 서두르는 것은, 나의 중심을 지키는 것만 못하다.

인간에게 주어진 최고의 선물은 스스로 선택할 수 있는 자유의지이다. 무엇보다도 그 자유의지 기반으로 일을 수행할 때 삶이 의미 있게 된다.

6. 정의

정의(正義)란 무엇인가? 국어사전을 찾아보면 '진리에 맞는 올바른 도리'라 한다. 그러면 무엇이 진리인가? 그리고 어떤 것이 올바른 것인가? 도리(道理)는 도(道)의 이(理)치에 맞는 행동이란 이야기인데 과연 도(道)는 무엇인가? 이치에 맞는 행동인지 아닌지는 어떻게 구별할 것인가? 언어의 맹점이 드러난다. 우리의 언어는 논리적인 체계보다 직관에 의존하며 보편적인 관념 기반으로 소통에 원활하도록 발달되어 왔다. 우리는 한자와 한글을 혼용하고 있으며, 전체의 관점을 우선시하여 이야기하는 것에 익숙하다.

정의(正義)를 분해해 보자. 정(正)은 '바르다', 즉 형태와 순서가 가지런히 정렬되어 있는 모습을 의미한다. 의(義)는 양(羊)과 나(我)가 결합된 글자로 양의 뿔을 머리에 쓰고 칼을 든 제사장의 모습에서 유래했다. 즉 권력을 지닌 사람이란 뜻이다. 정의(正義) 글자를 묶어 보면 권력을 지닌 사람이 정하는 순서와 정렬의 의지로 요약할 수 있다.

서울 서초구에 위치한 대법원에 가 보면 건물 정면의 '자유, 평등, 정의'라는 커다란 글씨가 눈에 확연히 들어온다. 인근 경찰서를 방문하더라도 '정의 사회 구현'이라는 글자를 어렵지 않게 찾을 수 있다. 정의(正義)라는 단어에서 '권력의 힘'이라는 느낌이 다가온다. 사법 기관에서 정

한 법(法)이 우선일까? 정의(正義)에 대한 의지가 우선일까? 2010년 마이클 샌델 교수의 『정의란 무엇인가?』라는 책을 통하여 정의라는 관념에 대해 생각하는 것이 유행처럼 된 적이 있다. 행복, 자유, 미덕을 기준으로 정의에 대한 판단법을 제시하고 있다. 자유와 시장 경제의 한계를 넘어 공익과 사회적 미덕의 관점에서 바라본 정의이다.

위키피디아에서 '정의(justice)'라는 단어를 찾아보면 양심적 올바름, 종교적, 이성적, 법적인 개념의 정의와 평등과 공정함을 포함한 넓은 의미로 사용되고 있다. 역사와 사회, 문화에 따라 정의를 바라보는 관점은 다르게 변해 왔다. 정의에 대한 개념조차 명확히 하는 것이 쉽지 않다. 그러면 우리는 정의(正義)를 어떻게 받아들여야 할까? 올바른 행동에 대한 기준 및 방법을 모두 정리(定理)하거나 정의(定義)하는 일은 불가능하다. 올바른 행동에 대한 질문을 통해 이해하는 방법이 오히려 수월하다.

우리는 항상 올바른 행동을 하며 살 수 있을까? 올바른 선택, 올바른 규칙, 올바른 법규를 가질 수 있을까? 올바르지 않은 행동은 꼭 문제를 일으키는가? 올바르다는 것의 기준은 과연 무엇인가? 올바르다는 것을 어떻게 정의, 정리할 수 있을까? 법에 어긋나지 않는다고 모두 올바른 행동이라고 할 수 있을까? 왜 우리는 올바른 행동을 찾는가? 왜 올바른 행동이 필요할까? 올바르지 않은 행동을 하면 사회에 어떤 영향을 주는가? 신은 항상 올바른 선택을 하는가? 올바른 것을 추종하고 신봉하는 종교는 왜 내부의 부패와 방향 상실에 대해 방관하는가? 침묵과 방관은 바른 행동인가? 남을 돕는 자선은 항상 올바른 행동인가?

어느 질문도 사건과 상황에 따라 해석이 다를 수 있다. 바라보는 관점 및 가치관에 따라 올바름이 다를 수 있기 때문이다. 커다란 코끼리를 1m 앞에서 마주할 때와 10m 거리를 두고 볼 때, 1㎞ 밖에서 바라볼 때 해석이 다른 것과 유사하다. 상황에 따라 다른 해석을 갖고 우기며 싸울 일은 아니다. 각 상황에 맞게 모든 것을 법으로 정해야 한다고 주장할 일도 아니다. 법을 따르고 수호하고 있다고 자부하거나 자랑할 일도 아니다. 정의를 따지려 들기 전에 상황과 조건에 따라 다를 수 있음을 이해하고 다툼과 갈등을 최소화하는 노력이 더 필요하다. 그 후에 정의(正義), 즉 올바름에 대한 의미를 살펴야 한다.

노자 사상 관점에서 정의에 대해 살펴보자. 도덕경 81장에 걸쳐서 정의(正義)라는 단어가 사용된 곳은 없다. 정(正)이라는 글자는 주로 곧다. 바르다, 질서정연하다 등의 용도로 여러 곳에 사용된다. 의(義)라는 글자의 쓰임이 정의(正義)라는 의미에 가깝게 활용되었으며 3개의 장에 표현되고 있다.

> 大道廢, 有仁義. 智慧出, 有大僞
> (대도폐, 유인의. 지혜출, 유대위)

> 도가 사라진 후, 어진 마음과 정의로움이 나타난다.
> 지혜로운 자가 나타나면, 커다란 위선이 나타난다.
> (도덕경 18장)

絶聖棄智, 民利百倍. 絶仁棄義, 民復孝慈

(절성기지, 민리백배. 절인기의, 민복효자)

성인(聖人)이 되려는 욕심을 끊고, 지혜로움을 버리면

서민의 이익은 백 배가 된다.

어진 사람이 되려는 욕심을 끊고, 정의로움을 버리면

서민은 다시 효도하고 자애롭게 살게 된다.

(도덕경 19장)

上義爲之 而有以爲也. 失仁而後義, 失義而後禮

(상의위지 이유이위야. 실인이후의, 실의이후례)

높은 의로움을 지닌 사람은 정의를 위하고,

정의를 위하는 이유가 있다.

어진 마음을 잃어버린 후, 정의가 나타나게 되고,

정의를 잃은 후에는 예를 찾게 된다.

(도덕경 38장)

　설명하자면 다음과 같다. 바른 길(道)을 알지 못하기 때문에 어진 마음, 인(仁)을 찾고, 그 마음마저 흔들리면 정의(正義)를 찾는다. 정의를 갖추기 위해 지혜로운 사람을 구하게 되고, 그 지혜로운 사람은 커다란 거짓, 즉 사회적 위선의 틀을 만들게 된다. 정의(正義)를 고민하기 이전에 어진 마음을 먼저 생각해야 한다. 어진 마음에 위배되는 정의는 올바르다 할 수 없다. 어진 마음에는 위배되지 않더라도 그것이 도(道)와 덕(德)

에 위배되는 일이면 어질다 또는 정의롭다 할 수 없다. 그래서 어진 마음을 보유하려는 욕심을 끊고, 정의롭게 되고자 하는 마음을 버리면 사람들이 자연스럽게 위로 효도하고 아랫사람을 자애로운 마음으로 대하게 된다.

어짊(仁)을 정의하고 구하는 것 자체가 모순이다. 자연적으로 우러나오는 사람의 마음을 어떻게 정리하고, 법칙 또는 법규화할 수 있다는 말인가! 정의(正義) 또한 마찬가지이다. 바라보는 관점과 상황에 따라 다른 것을 어떻게 모두 정의(定義)할 수 있다는 말인가! 그런 것에 대한 정의(定義)는 큰 사기, 위선을 불러온다.

정의(正義)를 숭상하는 사람은 그것을 위한다. 즉, 정의를 만들어 낸다. 정의를 만들어 내고 위하는 숨겨진 이유가 있다. 다만, 그것을 표현하지 않기 때문에, 다른 사람들은 알 수 없을 뿐이다. 어진 마음을 잃어버리면 정의(正義)를 찾게 되고 정의(正義)를 잃은 후에 예(禮)를 찾게 된다. 노자가 알려주고 싶었던 사항은 사람의 마음(仁)도, 정의(正義)도 그 속성을 규정지을 수 없다는 점이다. 인위적으로 무엇을 만들고, 숭상하듯 떠받드는 행위 자체가 자연스러움을 벗어난다. 자연스러움을 벗어나고 의도가 강해지면 사람들을 모아 커다란 기만행위가 만들어진다. 그틀을 기반으로 사회를 부자연스러운 방향으로 이끌게 된다.

어떤 방향이 좋은 방향인지 정리할 수 있을까? 쉽지 않다. 아무도 장담할 수는 없다. 다만 그 방향을 설정하는 과정에서 다툼과 갈등을 계속 증가시키는 행위와 강제로 억압하는 행위는 올바르지 않다는 점이다. 대화를 통해 다른 관점에 대한 이해가 먼저 이루어져야 한다. 그리고 그 대화에는 수용과 포용이 전제되어야 한다. 나의 의견만 다른 사람에게 밀어넣겠다는 것은 강제함이다. 이는 자연스러운 모습과는 거리가 멀다.

부처의 핵심 사상을 정리한 반야심경(般若心經)에는 정의(正義)라는 것에 대한 언급조차 없다. 정(正)이라는 글자도, 의(義)라는 글자도 등장하지 않는다. 부처의 관점에서 보면 세상을 살아가는 데 큰 의미가 없는 부분이기 때문이다. 우리는 별로 중요하지 않은 부분에 연연하느라 정작 중요한 부분을 잃어 가고 있다.

2020년 7월 큰 사건(大象)이 하나 발생한다. 서울시 수장이 재직 중에 스스로 목숨을 버렸다. 여성 보호 인권 변호사 활동 이력과 어려운 사람을 먼저 생각하는 모습으로 대중의 마음을 얻어 서울시장 3선 연임에 성공하고 공무를 수행하던 중이었다. 사건의 발단은 수행 비서에 대한 성추문이다. 온갖 뉴스와 매체가 이 사건에 대해 크게 떠들고 세상의 이목이 집중되었다. 어떤 사람은 침울해하고 비통한 마음을 표현한다. 어떤 사람들은 분노에 가득 찬 눈으로 바라보았다. 언론은 큰 기삿거리로 사람들의 이목이 집중되는 것을 마음속으로 즐기는 분위기다. 며칠 후, 고인의 장례식이 이루어지고 각 분야의 고위 인사들이 방문하여 죽음을 위로한다. 시민들도 애도의 눈물을 흘렸다.

이 큰 사건(大象)에서 무엇이 올바른 의미(正義)인지 생각해 보자. 사건에 대한 사실 관계는 끝내 밝혀지지 않는다. 피해 여성은 존재하고 스스로 죽은 사람도 존재한다. 개인 활동의 기록과 사실을 증빙할 내역을 저장한 스마트폰 또한 존재한다. 그리고 근무지에서 같이 일한 사람들의 눈과 귀 또한 존재한다. 하지만 죽은 자에 대해 공소 불가 사유로 경찰은 사건의 조사를 일체 중단한다.

우리가 볼 수 있는 것은 부족하고, 들을 수 있는 사항을 묻는 것도 부족하다. 누구를 위한 정의(正義)이고, 누구를 위한 법인지 물어보고 싶다. 대법원 앞의 자유, 평등, 정의라는 글씨가 다시 떠오른다.

사실에 대해 모르기 때문에 각자가 상상하고 바라보는 일로 만족할 수밖에 없다. 정의(正義)를 논하기 전에 사실에 대해서 우리가 다 알 수 없다는 점을 이해해야 한다. 마치 내가 사실을 알고 있는 것처럼 강하게 주장하면 잘 모르는 사실을 가공하거나 덧붙이는 위선자가 되기 쉽다.

또 다른 문제는 알고 있는 사실에 대한 침묵이 이끄는 오해가 존재한다는 것이다. 사실을 알고 있지만 권력의 힘에 눌려 침묵하는 경우이다. 권력의 힘에 왜곡이 있거나 바르지 못한 상황에서 정의(正義)로운 행동을 하는 경우 큰 대가를 지불해 왔다. 3·1 독립운동이 그랬고, 4·19, 5·18 민주화운동 또한 그랬다.

사실을 밝히지 않아야 한다는 논리와 노력 또한 마찬가지이다. 사실을 밝히는 일과 공소하고 처벌하는 것은 별개이다. 고인(古人)이 된 사람의 인(仁)격에 대해 논하는 것 또한 별개의 사항이다. 사람들이 어떤 면을 바라보고 고인을 기억할 것인지는 사람들 개인의 몫이다. 사실에 대한 침묵과 흐릿한 기억화는 상처를 빠르게 잊고 다시 역사가 흐르도록 만들어 주는 이점이 존재한다. 도덕경 35장이 전달하는 내역과 이 상황이 주는 교훈이 유사하다.

우리는 인(仁)과 정의(正義)보다 먼저 바른 길(道)과 덕(德)의 관점에서 상황을 바라보는 시각이 필요하다. 만약 추문이 사실이라면 그런 사실을 모두가 침묵하고 지나가도 좋다는 것을 인정하는 셈이다. 우리 시대의 사람들에게 침묵을 강요함이다. 그리고 후세에게는 포장된 사실을 가르침이다. 추문이 사실이 아니라면 그런 사실을 거짓으로 조작한 사람을 용인하는 일이다. 억울하게 고인이 된 분을 욕하는 상황도 허용함을 의미한다. 무고한 사람의 죽음을 그냥 안타깝고 한스럽게 여기거나 아무런 조치도 취하지 않는 관점이다. 스스로 할 수 있는 일이 없을 때 그냥 수용하고 시간이 흐르기를 원하는 대응 자세다.

공자 사상은 인(仁), 의(義), 예(禮), 지(知), 신(信)을 기초로 한다. 공자 또한 도(道)의 이치를 터득하고 싶었으나, 도에 대해 언급하기는 어려웠다. 그래서 도(道)를 논하는 대신 현실적으로 접근한다. 인간의 기본 바탕 인(仁)을 중시하고, 다음으로 나라에 충성하는 의(義)를 지향하며, 그 다음으로 예(禮)와 지(知), 신(信)의 덕목을 가르침의 기본으로 삼았다. 이 사건은 법률적 지(知)식을 활용하여 권력과 부의 힘에 의해 성적 피해를 당한 여성들에게 도움을 주던 사람이 신(信)의를 무너뜨린 형국이다. 그렇기 때문에 그런 모습이 세상에 비춰지는 것에 대해 두려워하고, 마음 깊은 곳에 자리 잡은 인(仁)의 괴리감을 느끼고, 극단의 선택을 한 것이 아닐까 추측한다.

일은 그 사람 현재의 정체성을 이끌어 주는 도구다. 정체성이 지위와 권력을 이용하여 여성을 강취하는 것일 리 만무하다. 직장에서 사람을 대(與善仁)하고, 관계(言善信) 맺을 때에 나의 딸처럼 생각하는 마음이 있었다면 하는 아쉬움이 든다. 나를 다스리는 힘(政善治)이 부족하고, 일을 올바르게 수행하지(事善能) 못하는 시기에 이르면, 그간 쌓아 놓은 업적을 뒤로하고 은퇴하는 것이(居善地) 바람직하다. 그러나 사람들은 업적이나 재물을 더 높이 쌓을 수 있다고 생각한다. 올바른 행동의 시기(動善時)를 알지 못한다. 일이 엉망이 된 모습이다.

사람들은 공적을 기리고 안타까워하며 눈물을 흘린다. 평소 공자 사상을 무시하던 사람들도 오히려 예(禮)를 숭상하고 강조하는 듯한 모습이다. 인(仁)과 의(義)는 멀리 던져버리고 예(禮)가 최우선이어야 한다는 태도이다. 피해자의 마음을 바라보고 이야기하는 사람은 무례하고 배워먹지 못한 인간으로 대했다. 종교 지도자조차 예를 갖추어 장례식장을 방문하는 모습은 눈시울을 찌푸리게 만든다. 먼저 약자의 마음을 바라봄이 필요하다. 개인적인 아쉬움이나 예(禮)보다 먼저 챙길 것이 있었음을 알지 못하는 것 같다. 안타깝구나!

우리 시대에는 여성 인권 관련 커다란 사건(大象)이 동시에 회자되고 있다. 일본 제국주의에 의해 강제로 끌려가 부당한 행위를 강요당한 여성들에 대한 문제이다. 이제는 시간이 너무 흘러 생존해 계신 분들이 거의 없다. 향후 몇 년 이후에는 증언해 주실 분이 없을 수도 있다. 피해 여성은 존재하는데 공소 대상은 존재하지 않는다. 그 역사를 부정하고, 기록에서 삭제하며 공식적 그리고 비공식적으로 함구의 명령을 국민들에게 전달한다. 사실에 대한 전파, 설명 그리고 반성을 기피하기 바쁘다. 그렇게 하는 것이 자국민의 정체성을 보호하는 것이라 여긴다. 올바르지 못한 사상이 기저에 자리 잡고 있기 때문이다. 역사적 사실을 흐릿하게 다루고 시간이 지나 잘 포장하면 그만이다. 취약점을 이용하여 여성을 강제하는 일이 정의롭지 못하다는 인식은 어디로 사라진 모습이다.

커다란 사건(大象)은 내가 직접 영향을 받지 않는 적당한 거리에서 바라보면 그냥 관심거리일 수 있다. 내가 지금 해를 입지 않으며 먹고살아가는 삶에 영향을 주지 않는다면 그냥 뉴스거리이다. 지나가는 사람(過客)처럼 그 장소와 그 시간에 멈추어 한번 봐 주면 그만이다. 어떻게 모든 사실을 알 수 있겠는가! 그 깊은 작용(道) 또한 모두 알 수는 없다. 우리가 아는 것, 알 수 있는 것과 상관없이 세상의 운행은 지속된다.

사실을 기록으로 남기고 되돌아보며 교훈으로 삼는 자세가 필요하다. 역사에 대한 기록이 의미를 갖는 이유이다. 여러 가지 시각에서 바라보는 관점에 대한 논의와 토론 또한 필요하다. 사실을 기반으로 현재의 가치관을 굳건히 할 수 있기 때문이다. 이는 우리의 미래를 올바르게 (正義) 이끌 수 있는 바탕이 된다.

그런 노력을 게을리하고 과거를 쉽게 지워버리는 순간 국가의 정신 수준이 흐릿하게 된다. 안으로 나라가 어지러워지고 약해지는 이유다. 정신이 흐릿하고 약해진 상태에서 얼마나 많은 외세의 침략을 받고 서민들이 고통을 받았는지 역사는 기록하고 있다.

7. 행복

행복은 어떤 모습일까? 무엇이 나를 행복하게 만드는가? 행복이라는 것은 주관적인 감정이다. 행복이라는 단어의 의미를 사전에서 찾아보면 '생활에서 만족과 기쁨을 느끼는 상태'이다. 생활에서 일어나는 일과 주위의 환경과 상황은 사람마다 제각각이다. 만족과 기쁨을 느끼는 것 또한 사람마다 다르다. 행복에 대한 정의와 척도는 전적으로 주관적인 요소에 의존한다. 우리는 주관적인 사항에 대해서 객관적인 기준을 마련하고 싶어 한다. 누군가가 나 대신 행복이라는 것에 대해 정의하고 그 모습과 실체를 나에게 알려주기를 기대한다. 누가 정의하고 설명하더라도 100% 수긍하고 받아들이기 어렵기 때문에 더욱 정답을 찾고 싶어 한다.

행복에는 물질적인 풍요와 환경적 조건이 필수가 아니라는 것은 많이 들어 왔다. 그럼에도 불구하고 물질적인 상황과 내가 처한 환경과 조건을 기준으로 삼기 쉽다. 주위를 둘러보고 나와 다른 사람들을 비교하며 열심히 행복을 찾아 헤매지만 찾기는 쉽지 않다. 찾으려 할수록, 다가가려 하면 할수록 무엇인가 부족하고, 더 멀리 사라지는 느낌이다. 채워지지 않는 무엇이 계속 생겨난다. 내 안에서 찾아야 하는 것을 외부에서 찾기 때문이다.

사람들은 행복의 모습을 누군가가 대신 그려주기를 희망한다. 행복해지는 방법을 얻기 원한다. 그래서 행복의 다양한 모습이 그려지고 있다. 행복을 찾아가는 방법에 대한 설명도 점점 많아진다. 서점에 들러 살펴보자. 행복을 주제로 다룬 책들이 선반 가득 자리 잡고 있다. 행복하기 위해서는 '사랑하는 사람을 잃는 슬픔이 없어야 해', '상실의 슬픔을 이겨낼 수 있어야 해', '물질적으로 최소한 어느 정도는 안정돼야 해', '불행에 빠지지 않아야 해', '최소한 건강한 신체를 유지해야 해', '웰빙의 생활을 통해서 행복한 삶은 가능해', '삶에 대해 겸손하고 어려운 상황이 벌어져도 겸허히 받아들여야 해' 등 다양한 모습을 제시하고 있다. 많은 글들이 다양한 모습을 설명하는 듯하지만, 그 언어의 이면에는 '각각의 상황을 어떤 방식으로 받아들일 것인가'에 대해 이야기하고 있다. 행복한 모습을 그리는 것보다 행복에 대한 자세와 태도, 신념의 변화가 더 필요하다는 의미이다.

구글의 최고 공학자 모가댓은 '인간은 태어나면서부터 행복하다. 인간의 초기 상태는 아무것도 채워져 있지 않은 행복한 상태이다. 그래서 아기는 행복하다'고 이야기한다. 물론, 해맑고 밝은 미소의 아기를 바라보면서 행복과 거리가 멀다고 주장할 사람은 흔하지 않다. 아기의 행복한 면을 상기하고 바라보기 때문이다. 그러나 영양소 결핍으로 깡마른 몸에 쭈그러든 피부를 지닌 모습의 가난한 나라의 아기를 바라보면 '아기가 행복하다'고 이야기하기 어렵다. 모습과 시점, 장소에 따라 형상은 달라진다. 끼니를 이어가기도 어려운 가난한 나라의 아이들에게는 빵한 조각도 행복으로 느껴질 수 있다. 그런 모습과 상황을 이해한다고 할지라도 현재의 나에게 동일하게 적용하기는 쉽지 않다. 내가 먹는 빵 한 조각을 행복한 것으로 받아들이는 일은 별개의 문제로 다루기 쉽다. 내 주위의 좋은 모습과 환경을 기준으로 비교하기 때문이다.

내가 바라보는 방향이 항상 옳다고 할 수는 없다. 하지만 어떤 방식을 활용하고 어떤 방향으로 바라보는지 이해하는 노력이 필요하다. 생각이 깊은 사람들의 방식과 관점을 이해함으로써 나의 시각을 편향되거나 왜곡되지 않도록 할 수 있다. 그들의 시각을 배우는 것은 체험을 통해 얻는 것 이상으로 도움이 된다. 때론 지름길로 안내해 주기 때문이다. 행복에 대한 다양한 시각을 살펴보자.

구글 최고 공학자 모가댓은 『행복을 풀다』에서 행복을 수학적으로 설명하고 있다. 기대보다 더 많은 것을 얻는 경우 행복하다고 풀이한다.

행복 ≥ 삶에서 발생하는 사건 - 삶에 대한 기대값

노벨상 수상 철학자 버트란드 러셀은 『무엇을 위해 살 것인가』에서 행복을 찾기 위해서는 삶의 반대편인 불행의 요소를 살펴보라고 조언한다. 무엇이 불행과 불안을 가져오는지 살펴봄으로써 행복을 이해할 수 있다. 또한, 행복은 지식을 넓히며 탐구하고 연구하는 이성의 활동을 확장하는 과정에 찾아온다고 설명한다.

명상가 에크하르트 툴레는 『삶으로 다시 떠오르기』에서 불행을 정당화하는 생각들이 불행의 원인이라고 설명한다. 생각, 감정, 자동적 반응에서 일어나는 두려움과 불행을 알아차림으로써 불행이 사라지게 된다. 그 알아차림을 통해 현재를 부정하지 않고 올바르게 바라보게 된다. 올바르게 바라볼 수 있는 마음을 가진다면 불행이 사라질 것이라고 한다. 즉, 행복은 자각(自覺)하는 과정을 통해서 얻게 된다는 설명이다.

경제학자 폴 아난드는 『무엇이 행복을 좌우하는가』에서 웰빙을 통해서 행복에 가까이 갈 수 있다고 주장한다. 웰빙이란 삶의 질을 높이는 활동이다. 그러면 삶의 질에 대한 기준은 무엇인가? 그리고 얼마나 높여야 만족할 수 있는가? 경제학적으로 삶의 질에 대해 객관적인 평가 지수를 찾기 위해 노력을 한다. 행복을 단순히 부의 측면에서 바라보는 것은 아니다. 국제연합기구(UN)에서 기준으로 삼았던 웰빙 지수인 평균 국민소득, 기대수명, 문맹률을 기초로 행복을 통계화하고 평가했다. 그리고 이런 단순한 3가지 항목에 대한 수치로 인간 삶의 질을 판단한다는 것 자체가 무리가 있기 때문에 다양한 항목으로 확장하는 노력을 한다.

여러 분야의 사람들이 행복을 바라보는 방식에는 나름대로의 이유가 있다. 어떤 방식을 선택할 것인지는 스스로의 몫이다. 다만, 보이는 것 위주로 웰빙을 측정하고 통계화하는 것은 한계가 있다. 삶의 50% 이상은 보이지 않는 무형의 요소로 이루어져 있고, 무형의 요소를 기준으로 삼을 때에는 사람마다 기준이 천차만별 다르기 때문이다. 원하는 것 대비 실제 누리고 있는 것이 작거나 과함으로써 발생하는 불균형은 낭비의 요인이 된다. 보이는 것과 보이지 않는 것의 균형이 오히려 웰빙이 아닐까 싶다.

시간을 기준으로 웰빙을 평가하면 조금 더 삶을 객관적으로 바라볼 수 있다. 1일, 1개월, 1년, 10년 등 시간을 기준으로 삶을 나누고 계산해 보자. 하루를 살펴보면 가장 많은 시간을 소모하는 수면의 양과 질에서 얼마나 높은 점수를 줄 수 있겠는가? 일을 하는 시간 동안 삶의 질에 대해 평가해 보자. 식사와 여가 시간의 만족도를 계산에 넣어 보자. 하루 시간 단위로 나눈 삶의 질을 상, 중, 하로 간략히 평가해서 한 달, 일 년 동안의 삶과 비교해 보자. 삶의 변화를 기록한다면 더 많은 것을 스스로 느낄 수 있다. 그리고 그 기록은 좋은 방향으로 삶을 이끄는 척도가 될 수 있다.

불행의 방향으로 달려가고 있다면 삶의 방식을 수정하면 된다. 삶의 질을 평가하고 기록하는 이유는 더 좋은 삶을 얻기 위해서이지 남과 비교하기 위함이 아니다. 우리가 얻고자 하는 것에 대한 방법을 현명하게 선택하지 않고 결과만 놓고 남들과 비교하는 일은, 과정은 무시하고 좋은 결과만 얻으려는 욕심에서 비롯된다. 다행히 좋은 결과를 얻는다면 그 순간 기쁨을 누릴 수는 있으나 과정의 시간들로 이루어진 삶의 행복은 누리지 못할 수 있다. 짧은 행복 이후 허탈함에 빠질 수 있음을 이해해야 한다.

행복은 존재하지 않는다. 마음의 한 상태이기 때문이다. 나의 마음이 주어진 환경과 일어나는 일들에 대해 올바로 이해한다면 스스로 느끼게 된다. 삶에 대한 고통과 두려움을 떨쳐 낼 수 있다면, 주어진 조건에 연연하지 않는다면, 불행이라고 정의하는 일이 불행이 아니라는 것을 알게 된다. 살면서 누구나 고통과 괴로움은 발생한다. 다만 그런 고통과 괴로움을 어떻게 받아들일 것인지, 내가 갖고 있는 잠재의식, 기억, 지식과 통합하여 어떻게, 어떤 방식으로 상황을 대할 것인지는 스스로 선택할 일이다. 스스로 선택에 의한 삶이 아닌 다른 사람의 의지에 종속되고 명령에 따라 살아가는 삶 속에서 행복을 찾기는 어렵다.

천체물리학자 스티븐 호킹스는 온몸의 움직임이 불편했다. 눈동자를 통해 외부와 대화를 하고 모든 신체적 활동에 간병인의 도움을 받았다. 하지만, 누구보다도 자유로운 정신을 지녔다. 활동이 불편하기 때문에 자신의 모든 시간을 우주의 모습을 상상하고 분석하며 이해하기 위해 할애할 수 있었다. 그리고 그것에 대해 진심으로 감사해 했다. 2008년 '우주에 대한 질문(Questioning the Universe)'이라는 TED 강연을 마치고 한 청자의 질문에 답변하는 과정에서 그 모습을 엿볼 수 있다. 보통 사람이라면 즉시 답할 수 있는 사항도 7분에 걸쳐서 단어 하나하나를 선택하고 컴퓨터에 입력하여 답변하는 모습을 보면 나의 삶에 대한 태도를 다시 살펴보지 않을 수 없다. 행복은 조건과 환경에 갇히지 않는 삶이다. 스스로 의지에 의해 길을 찾고 그 길을 택하는 과정이다.

　행복은 멀리 있지 않다. 나의 감각을 모두 열고 느껴 보자. 열린 마음으로 바라보자. 길가에 돋아나는 작은 새싹에서도 그 생명력을 느낄 수 있다. 주위에 있는 모든 사물에 대해 천천히 바라보자. 나의 욕심과 선입견을 배제하고 있는 그대로 받아들여 보자. 모든 것은 자연스럽고 나름대로의 자리에 위치해 있다. 천천히 한 숨, 한 숨 호흡을 느껴 보자. 삶을 이루는 한 모금의 호흡도 나를 행복하게 만든다는 것을 알 수 있다.

7장

생명의 소멸

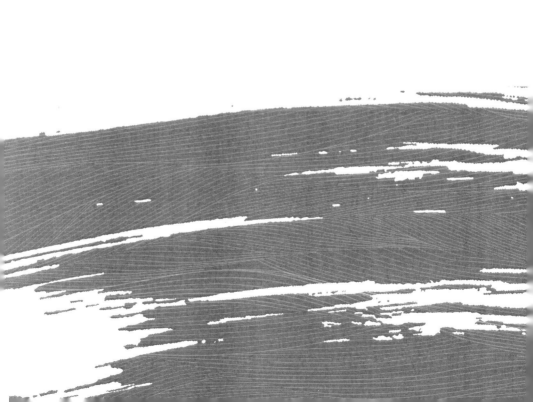

우리에게 주어진 삶은 한정되어 있다.

그래서 더욱 가치를 부여하고 소중히 생각한다.

아름다운 마무리는 없다. 노여움과 슬픔도 없다.

두려움에 떨 이유도 없다.

삶에 대한 마지막 집착도, 마음에 담아 둔 증오도,

한 톨의 욕심도 내려놓는다.

더 이상 병들고 지친 육신에 기대어 의존할 이유는 없다.

진정한 홀로서기를 완성할 시간이다.

생명의 소멸은 불꽃이 꺼져 가는 모습과 비슷하다. 노자가 물의 속성에서 제시한 7가지 영역이 하나씩 무너지는 과정이다. 그 끝은 인간 정체성 변화의 정지이다.

생명의 불꽃은 장년에 이르러 가장 크게 타오르고 서서히 불꽃이 줄어든다. 불꽃이 천천히 줄어들면서 처음에는 움직임의 범위가 작아지고, 어느 시점에 다다르면 움직임이 불편해지기 시작한다. 제 시간에 맞추어 활동(動善時)을 하는 일이 힘들어진다. 그 다음은 일하는 능력(事善能)이 떨어진다. 외부에 보이는 모습뿐만 아니라, 신체 내부에서 각 기관들이 노화되어 원활히 제 몫의 일을 수행하지 못한다. 통제 기능(政善治)을 잃어 가고 어느 시점에 이르면 소통(言善信)이 어려워진다. 언어 기능에 혼란이 오고, 사람과 사물을 대함(與善仁)이 흐려진다. 그리고 마음 깊은 곳에 자리 잡고 있는 불씨(心善淵)가 꺼져 가면서 마음의 움직임이 정지한다. 더 이상 온기가 남아 있지 않으며 아무런 변화(居善地)도 없는 상태로 접어든다. 생의 마지막이다.

1. 죽음을 두려워하는 이유

우리가 죽음을 두려워하는 이유에는 여러 가지가 있지만 무엇보다도 아무도 그 이후를 모른다는 사실이다. 그리고 죽음으로 가는 과정에 동반되는 상실, 아픔, 고통이 두렵기 때문이다. 아무도 경험을 이야기해줄 수 없기 때문에 누군가 장황하게 설명하더라도 남의 이야기일 뿐이다. 홀로 가야 하는 외로운 길이다. 하나씩 잃어 가는 과정이다. 그 마지막에 지니고 가는 것은 아무것도 없다. 더 이상은 새로이 피어나는 것도 없다. 모든 것을 내려놓고 마음 깊이 정리해야 하는 시간이다.

서양 문화권에서 죽음은 하느님의 부름이다. 신의 심판에 따라 천당 또는 지옥으로 간다. 교회가 죽음을 바라보는 관점은 이로운 부분이 있다. 사후 세계를 천당과 지옥으로 이분화해서 삶을 바른 방향으로 이끈다는 점이다. 교회를 믿고 따르면 천당으로 인도받을 수 있고 그렇지 않으면 지옥으로 간다는 단순한 논리이다. 현실 세계에서 윤리적인 삶을 살아야 하는 당위성도 제공한다. 사후에 대한 불안을 극복할 수 있도록 도와주고 신앙을 널리 전파해 사람들을 구원한다는 의의도 제공한다.

동양 문화권에서는 죽음에 관해서 여러 관점의 사고가 혼재되어 있다. 불교에서는 사람은 죽은 후에도 다시 태어나 윤회의 삶을 반복한다고 설명한다. 공자 사상에서는 죽음에 대해 솔직하다. 죽음 이후에 대해 모른다는 것이다. 모르는 것을 모른다는 것으로 인식함이다. 다만, 살아 있는 사람들이 죽음에 대해 슬퍼하고, 절차를 갖추어 장례를 지내며 혼령을 위로하는 마음으로 주기적으로 제사를 지낸다. 살아 있는 사람이 가져야 할 마음 자세와 예의에 대한 관습이 이어져 오고 있다.

영혼이 존재한다는 것은 사후에 신체를 잃었을 뿐 영적으로는 존재한다는 믿음을 기반으로 한다. 그런 믿음은 여러 초자연적인 현상을 설명하는 구실이 되곤 한다. 사회 통념과 관습적으로 영혼의 존재를 두리뭉실하게 인정하는 모습이다. 영혼이 존재한다면 그 형태와 모습을 그리고, 상상하고 싶어진다. 어떤 상태로 그리고 어떤 환경 속에 존재하고 있을까? 천국과 같이 편안한 곳일까? 어둠과 추위, 고통 속에 갇힌 모습은 아닐까? 어떤 모습도 우리가 가진 지식과 상상력의 한계를 넘어설 수는 없다. 아무리 천국의 모습을 아름답게 그리고 상상한다 하더라도 수천 년, 수만 년 동일한 형태로 살아간다면 지겨울 수 있다. 지겨움이 지속되면 오히려 벗어나고 싶을 것이다. 결국, 우리가 가진 지식과 상상의 한계가 만드는 모순을 벗어나지 못한다.

지옥이라는 관념과 상상력은 사람들에게 두려움을 심어준다. 추악한 모습, 행위, 고통과 괴로움 등 현실 세계에서 불편한 온갖 것을 지옥과 연관하여 뇌리 깊숙이 저장되도록 관념화가 반복된다. 이를 통해 자연스럽게 지옥이란 믿음이 자란다. 죽음이 두려운 이유 중에 하나는 사후에 지옥으로 갈 수 있다는 막연한 불안감이다. 조금 더 착하고 성실하게 살지 못한 것에 대한 스스로의 반성을 불러일으킨다.

죽음에 임하게 되면 누구나 자신의 삶을 되돌아보게 된다. 죽음 앞에서 살아온 삶에 대해 진심으로 후회하며 남은 삶을 회개하며 의미 있게 마무리하는 모습을 볼 수 있다. 반대로 스스로 일어나는 진심을 애써 외면하고 더욱 자신을 고집하며 괴로워하고 방황하다 끝에 이르는 사람들도 있다. 깊이 간직하고 있는 이기심과 수치심이 드러남을 죽음보다 더 두려워하는 사람들이다. 자신의 내면에 자리 잡고 있는 욕심과 이기심을 넘어서지 못하기 때문이다.

2. 노자 사상에서 죽음의 쓰임

 죽음이 주는 삶의 의미를 살펴보자. 도덕경에서 죽음(死)이라는 글자가 언급되는 항목을 살펴보면 아래와 같다.

 '태어나면 누구나 죽는다(出生入死, 노자 도덕경 50장).' 모든 생명체는 태어나고 죽음에 이른다. 인간 또한 생명체이기 때문에 예외가 아니다. 그 다음 구절에서 설명한다. 1/3의 사람들은 현재의 삶을 수용하며, 1/3은 저항하며 죽음을 선택하고, 1/3은 살려고 살아남으려고 두려워하지 않고 죽음의 땅(死地)으로 떠난다. 1/3이라는 것은 통계적인 수치가 아니라 확률 및 논리에 기반한 비율이다. 인간은 어떠한 경우에도 2/3 이상의 비율로 생존하기 위해 갖은 노력을 한다. 죽음을 두려워하기 때문에 생존하기 위한 노력이 존재한다. 죽음을 두려워하지 않는다면, 생존을 위해 노력하는 비율이 1/2이라면 인류는 훨씬 이전에 멸망하였을 것이다.
 하지만, '생명이 살아가는 땅(谷)은 신비롭게 죽지 않고 지속된다(谷神不死, 노자 도덕경 6장).'

 '살아있으면 유연하고 약하며, 죽음에 이르면 딱딱하고 강해진다(人之生也柔弱, 其死也堅强, 노자 도덕경 78장).' 죽음은 딱딱하게 고정되어 굳어짐을 의미한다. 움직임과 변화도 없어진다. 일이 멈추고, 제어가 안 되며, 소통이 단절되고, 외부에 대한 반응이 없어진다. 마음도 사라지며 정체성이 소멸된다. 즉, 죽음이란 변화가 없는 상태이다. '사지(死地, 노자 도덕경 50장)'는 변화가 없는 생명이 소멸된 땅을 의미한다. 아무것도 변화가 없는 황량한 상태이다. 만약, 죽음이 없고 영원한 삶이 계속 이루어진다면, 새 생명이 태어나는 시작 또한 의미를 잃게 될 것이다. 끝이 없는 영원한 반복이라는 함정에 갇히게 된다.

'사후에도 사람들의 기억에 오래 남겨지는 것을 수(壽)라고 한다(死不忘者壽也, 노자 도덕경 33장).' 죽어서 그 이름이 오래 남겨지는 것은 정체성이 기억되고, 사람들에게 교훈을 주기 때문이다. 현대에는 수(壽)의 의미가 약간 한정되어 사용된다. 살아서 오래 생명을 유지하는 것을 장수(長壽)한다고 표현한다.

'자기의 마음대로 강하게 처신하는 자는 자신의 본래 수명을 다하지 못하고 죽는다(强梁者, 不得其死, 노자 도덕경 33장).' 노화에 의한 자연스러운 죽음을 맞이하지 못하는 객사 또는 비명사 등 사고에 의한 죽음을 의미한다. 사람들이 죽음을 경시하지 않고 중요하게 생각하도록 만들어야 한다. 사람들이 늙어 자연스러운 죽음에 이르도록 삶을 이끌어야 한다.

'오늘날, 자애를 버리고 용감함을 선택하고, 검소함 대신 넓고 큰 것을 좋아하며, 겸손함보다 앞에 나서는 사람은 반드시 죽을 것이다(今 舍其慈且勇, 舍其儉且廣, 舍其後且先, 則必死矣, 노자 도덕경 69장).'

'만약, 서민들이 죽음을 두려워하지 않는다면, 어떻게 죽음으로써 그들의 두려움을 구할 수 있겠는가?(若民恒且不畏死, 奈何以殺懼之也, 노자 도덕경 76장).' 서민들의 삶이 어려워져 죽음을 두려워하지 않게 된다면 사법을 가볍게 여기게 된다. 올바른 법치를 이루는 일이 어렵다. 삶과 목숨에 대한 두려움을 잃는 경우, 사회가 갖고 있는 법과 질서가 가볍게 여겨진다. 삶이 궁핍하고 생활의 어려움이 죽음에 이를 지경이면 사람들은 법에 대해 무색해진다. 죽기 아니면 살기로 생존을 위해 발버둥치는 상황에서 법과 질서는 영향을 주지 않는다. 또한, 범죄를 저지르고도 묵인되며, 법을 회피하는 일이 빈번해지면 죽음을 두려워하지 않는 무리가 늘어난다. 일부 가진 자와 권력자들이 잘못을 저지르고도 더 많은 돈과 권력, 명예를 얻고 잘 살지 않는가? 이에 대한 의심이 증가하면 증가할수록 사회에 대한 신뢰가 무너지고 혼란이 커진다.

'사람들이 죽음을 가볍게 여기는 이유는 서민들의 삶에서 국가가 얻어 가는 것이 너무 많아서 그렇다(民之輕死, 以其求生之厚也, 是以輕死, 노자 도덕경 77장).' 정부가 서민들을 잘살 수 있도록 덕을 베풀기보다 과다한 세금을 부과하기 때문이다. 서민들이 생업을 원활히 수행할 수 있도록 만들기보다 힘과 권력을 가진 사람들이 유리하도록 법과 제도를 오용한다. 그래서 갖은 구실과 방법을 동원해 서민들의 삶을 통제하고 관리하느라 바쁘다. 그 통제는 가진 자와 가지지 못한 자에게 공평하지 못하다.

도덕경에서 언급하는 죽음은 불가항력적인 것이지만 삶을 이루는 테두리를 벗어나지 않는다. 죽음보다 더 앞에 있는 것이 삶이기 때문이다.

삶에서 발생하는 오류를 일깨우는 도구로 죽음을 사용하고 있다. 죽음을 조건으로 강제하려 하지만 그 기저에는 올바른 삶을 추구해야 한다는 가르침이 자리 잡고 있다. 죽음에 대한 인간의 감정적인 동요와 심약하고 두려운 마음을 묘사하거나 감정적 위로나 공감에 대한 언급이 아니다. 죽음이라는 인간의 가장 큰 한계 상황을 활용하여 삶에 대하여 경계할 사항을 알려주고 있다. 죽음이란 유한성이 존재하기 때문에 삶이 소중하고 진실될 수 있다.

3. 생의 마지막을 대하는 자세

우리는 우아하고 편안한 모습으로 죽음을 맞이하고 싶어 한다. 사회적 통념과 가치를 벗어나지 않는 범위에서 죽음에 이르기 원한다.

나의 죽음은 어떤 모습일까? 죽음에 다가서는 나의 자세는 어떤 모습일까? 언제 죽을 것인지 미리 알 수 있을까? 죽음을 어떤 시각으로 바라봐야 하는가? 이에 대한 답은 남은 삶을 바라보는 방법과 직접적으로 연결된다. 긴 고통에 무너져 초췌한 모습이 될 수도 있다. 죽음에 대해 의연하지 못한 마음에 가족에게 아픔을 주는 꼴사나운 상황을 만들 수도 있다. 살기 위해 삶을 구걸하듯 애원하는 가여운 모습이 될 수도 있다. 어쩔 수 없는 상황을 체념하고 삶의 의지를 스스로 포기하는 어리석음을 보일 수도 있다. 긴 시간 투병으로 가족과 주위 사람들에게 많은 봉사를 하게 하고 경제적 부담을 지우는 일에 괴로워할 수도 있다. 아무것도 하지 않는 상태로 시간을 보내다 삶을 마감할 수도 있다.

삶을 시작과 끝으로 구분하는 직선적 가치관으로 바라보자. 삶의 시작 이전에 대해 알지 못하고 두려워하지 않는다. 마찬가지로 삶의 끝 이후에 대해서도 알지 못하기 때문에 두려워할 이유는 없다. 만약, 두려워하고 있다면 내가 가진 관념이 만들어 내는 상상이다. 그렇다면 죽음

이후에 대한 상상을 좋은 방향으로 만들면 되지 않겠는가? 나의 관념에 오류와 한계가 있다면 관념을 바꾸면 되지 않겠는가? 편안하게 죽음을 마주하는 사람들은 죽음에 대한 생각을 좋은 방향으로 이끌기 때문이다. 가장 쉬운 방법은 종교가 제공하는 믿음을 통해서 구원받는 일이다. 믿음은 인간의 정체성 가장 안쪽에 자리 잡고 있기 때문에 스스로 믿음을 버리지 않는 이상 생명이 꺼져 가는 가장 마지막까지 의지할 수 있는 도구이다. 우리는 너무 늦기 전에 죽음에 대한 관념을 바로잡는 일이 필요하다.

태어남과 동시에 나의 삶을 이해하고 수정하는 등 삶의 시작과 그 이전에 대해 미리 준비할 수 있는 아기는 없다. 태어난 후 주변의 환경과 여건을 바꿀 수 있는 아기도 없다. 오랜 시간 주어진 환경과 부모의 보살핌을 통해 아기는 성장하게 된다. 시작과 다르게 끝인 죽음에 대해서는 미리 준비하는 일이 가능하다. 아무런 준비 없이 맞닿아 고통을 느끼고 한탄하며 그 책임을 가족 또는 주위에 전가하는 것은 어린아이와 같은 상황으로 돌아가는 일이다. 주변에 기대고 의지하며 보살핌을 요구하고, 두려움에 어찌할 바를 몰라 어린아이와 같은 마음으로 울고 떼쓰며 마지막 남은 삶을 스스로에 대해 무책임하게 보내는 것은 안타까운 일이다. 삶의 의미를 다지고 남아 있는 삶의 의미를 마음 깊이 새기는 일이 더 바람직하다.

죽음은 다시 흙, 대자연으로 돌아가는 과정이다. 죽음은 자연스러운 모습이다. 물의 흐름이 멈추듯이 의식의 흐름과 신체의 변화가 정지하는 상태이다. 남아 있는 육신에는 더 이상 기(氣)의 흐름과 변화가 없다. 육신은 대자연에 의해 서서히 분해되어 소멸되고 티끌이 되어 사라진다.

가장 선(善)한 존재인 물의 속성에 따라 죽음을 받아들이고 이해해 보자.

가장 먼저 찾아오는 것은 움직임이 기대하는 시간보다 느려진다는 것이다. 시간에 맞는 적절한 행동(動善時)이 어려워진다. 신체의 기능이 하나씩 노화되고 퇴화됨에 따라 움직임이 느려지는 것은 당연한 일이다. 젊은 시절의 움직임과 동일하기를 기대하는 것은 사치이다. 노년에는 천천히 움직이는 것이 오히려 좋다. 신체적 기능과 근육이 약해져 빠르게 움직이면 몸의 내외부에 무리가 온다. 내 마음껏 움직이고 싶지만 심장과 근육의 힘이 허락하지 않는다. 이 시기에 맞는 적절한 조화와 균형 유지가 필요하다.

행동이 느려지고 힘들기 때문에 일의 수행이 원활하지(事善能) 않다. 조금 긴 시간 동안 일을 하면 체력이 버텨주지 못한다. 근육뿐만 아니라 폐, 심장, 간 등 내부 장기의 활력 또한 저하되어 쉽게 피로하고 회복에 오랜 시간이 걸린다. 이제 일을 가려서 할 때이다. 욕심을 줄이고 일을 최소화해야 한다. 신체의 일부 기능이 약해지고 병들어 가는 과정에서 활력을 되찾으려는 노력과 욕심이 앞서게 된다. 그동안 과도하게 사용하고 혹사시킨 몸에 대해 감사의 마음보다 잃어가는 기능에 대한 안타까움과 슬픔이 앞선다. 온갖 비용을 지불하더라도 되돌리고 싶다. 그 옛날 진시황이 불로초를 찾아 동방에 사람을 보낸 것처럼 더 늙지 않는 약을 찾아 정신없이 헤매기 쉽다. 의사가 정해준 약과 주위에서 권유하는 민간요법 및 용하다는 한의원, 수많은 비타민과 알약에 파묻혀 과잉 섭취를 마다하지 않는다. 늙어 가는 것을 느끼고 쇠퇴함을 이해하며 조금 더 자연스러운 다스림의 방법을 택하는 것이 더 바람직하다.

일과 활동에 제약이 오기 시작하면 나를 다스리는 일(政善治)도 무너지게 된다. 신체의 활동과 일의 균형이 어긋나고 제어가 힘들다. 우아한 노년은 다스림을 통해 신체의 균형을 잃지 않음이다. 나이 들어 신체의 각 기관이 닳아 없어짐은 막을 수 없다. 어떤 방식으로 잃어 가는 기능을 대체하여 나를 유지할 것인지가 관건이다. 사고로 다리나 팔이 부러지는 등 특정 기관의 기능을 잃을 수도 있다. 치아가 썩어 음식물 섭취가 원활하지 않을 수도 있다. 관절의 연골이 사라져 움직임이 어렵게 될 수도 있다. 몸을 다스리는 제어 기능을 상실하게 되면 더 빠르게 병들고 쇠퇴의 길로 접어들게 된다.

현대에는 치의학의 발달로 치아를 대체하는 임플란트 기술이 보편화되었다. 불과 30년 전만 해도 노년의 가장 불편함은 음식물 섭취의 어려움이었다. 대체 비용을 지불할 수 있는 여력이 된다면 더 이상 치아의 노화로 음식물 섭취를 못 하는 것은 먼 얘기가 되었다. 대체 기술이 발전하면 할수록 인체 친화적인 형태의 보조물이 사용되고 있다. 치아 이외에도 뼈와 관절 및 인체의 다양한 기관이 인공적으로 대체되고 있다. 신체의 점점 더 많은 부분을 바이오 공학과 기계적 대체에 의존하는 세상이 오고 있다. 비용을 지불하면 인체의 통제 기능과 균형을 되살리고, 급격히 죽음으로 다가가는 일이 최소화될 것이다.

죽음에 이르는 과정 중 어느 시점이 되면 소통(言善信)마저 어려워진다. 사용하는 언어에 문제가 먼저 생기는 사람도 있고, 시각 또는 청각에 문제가 생기는 사람도 있다. 외부와 소통과 대화가 닫히는 과정이다. 먼저 뇌에서부터 문제를 일으키는 경우도 적지 않다. 기억을 잃어버리기도 하고, 기억의 연결 고리가 상실되는 치매와 같은 질병으로 정상적인 삶을 유지하기 어려운 경우도 있다. 죽음에 대한 이해가 부족하고 죽음에 대한 두려움이 마음속 가득한 경우 과도한 노여움(怒), 슬픔(哀), 두려움(懼), 집착(愛), 증오(惡)의 언어를 가족에게 표출하여 주위를 놀라게 만들기도 한다. 스스로에 대한 믿음(信)이 결여되어 불안에 가득 찬 사람은 죽음에 이르고 있다는 두려움에 압도된다. 그래서 주위에 대한 믿음(信)을 갖기 어렵다. 믿지 못하기 때문에 사랑과 신뢰의 대화가 이루어지지 않는다. 얼마 남지 않은 시간에 가족과 주변 사람들과 나누는 진실되고 사랑이 담긴 언어마저 놓친다면 얼마나 안타까운 일이겠는가?

언어를 통한 소통이 어려워지는 시기를 지나면 눈빛, 미소, 작은 움직임을 통한 소통의 단계(與善仁)에 이른다. 아직 남아 있는 기운으로 주위 사람을 대하는 모습이다. 체념과 고통으로 인한 애원, 원망의 눈빛이 있을 수 있고, 그 동안 살아온 삶을 여유롭게 회상하거나 영원한 안식을 기다리는 평온한 미소를 머금을 수도 있다. 병들고 고통 속에 죽어가는 상황에서 인위적으로 미소 짓거나, 눈빛을 바꾸는 일은 쉽지 않다. 평소 살아온 표정대로 주위를 대하게 된다. 그 동안 살아온 과정의 인(仁)자한 모습이 자연스럽게 발현된다.

작은 움직임과 미소마저 지을 수 없는 단계에 이르면, 깊이 자리 잡고 있는 마음(心善淵)이 생명의 불꽃을 놓지 않으려고 붙들고 있다. 다시 기(氣)를 회복하고 생을 부활시킬 수 있는 방법이 없는, 꺼져 가는 순간에도 그 가느다란 생명을 놓지 못한다. 아직 마음 깊이 자리한 곳에 간절한 무엇인가가 있기 때문이다.

의식의 흐름이 모두 정지하면 생명의 불꽃은 온기를 잃는다. 더 이상 변화가 없는 정지한 모습이다. 희열과 기쁨, 즐거움, 슬픔, 괴로움, 고통, 상실, 관계와 욕망이 주는 삶의 다양한 굴곡을 더 이상 대하지 않아도 된다. 내가 가진 것과 집착하는 것 그리고 남아있던 이기심도 이제는 의미가 사라진다. 대자연의 품(居善地)으로 돌아간다.

많은 사람들이 인생에 대해 정리할 수 있는 기회를 잃고, 수동적으로 죽음을 맞이하게 된다. 병과 고통, 두려움에 이끌려 죽음으로 향하는 모습이다. 죽기 전까지도 욕심과 이기심을 가득 끌어안고 놓아주지 못한다. 사회에 큰 영향을 준 거인(巨人)의 죽음이 있다. 사람들이 거인의 공적을 칭송하고 슬픔과 아쉬움을 달래며 성대히 장례를 치른다. 시간이 조금 지나면 사람들은 알게 된다. 돈과 권력의 힘에 의한 치장과 이기심 및 욕심을 버린 진실한 삶의 모습은 확연히 다르다. 거짓됨과 삶에 대한 욕심을 가족에게 유산으로 남겨주는 사람이 있다. 남겨줄 재산은 하나 없지만 인생의 굴곡을 잘 견디어 낸 작은 미소를 마지막으로 전해주고 떠나는 사람도 있다. 무엇이 사회를 더 밝게 만드는 가치 있는 마무리인지 스스로 선택할 일이다.

부록

반야심경

般若心經(반야심경)
– 깨달음을 위한 마음 경전

觀自在菩薩
行深般若波羅蜜多時
照見五蘊皆空　度一切苦厄

자신의 존재를 바라보는 보살은
깊은 깨달음을 얻기 위한 수행을 할 때에
세상 모든 것을 공(空)으로 비추어 보고, 일체의 고통과 괴로움을 헤아린다.

舍利子
色不異空　空不異色
色卽是空　空卽是色
受想行識　亦復如是

(부처님의 수제자) 사리자여!
보이는 것과 보이는 것이 없어진 상태는 다르지 않으며,

보이는 것이 없는 상태는 보이는 것이 있는 상태와 다르지 않다.

즉, 보이는 것은 비워진 상태와 같으며, 비워져 있는 상태는 존재하는 상대와 같다.

외부로부터의 영향받는 것(감정)과 생각, 행동, 일체의 앎(지식) 또한 이와 같다.

舍利子

是諸法空相　不生不滅　不垢不淨　不增不減

(부처님의 수제자) 사리자여!

모든 법칙은 서로 어우러짐이 공(空)하다.

(법칙은) 생성되거나 소멸되지 않고, 더럽거나 깨끗하지 않으며, 늘지도 줄지도 않는다.

是故　空中

無色　無受想行識

無眼耳鼻舌身意　無色聲香味觸法

그래서 마음을 비운 명상(空中)중에는

보이는 것이 없고, 외부로부터의 영향받음, 생각, 행동, 앎에 대해 연연하지 않는다.

눈으로 보고, 귀로 듣고, 코로 냄새 맡고, 혀와 몸의 느낌에 의식하지 않는다.

시각, 청각, 향기, 맛, 촉각이 만들어 내는 모든 관계의 법칙에 연연하지 않는다.

無眼界　乃至　無意識界
無無明　亦無無明盡　乃至　無老死
亦無老死盡　無苦集滅道
無智　亦無得　以無所得
故　菩提薩陀　依般若波羅蜜多

눈에 보이는 세계에 연연하지 않고, 의식과 관계의 법칙에 의지하지 않는다.
밝지 않음에 연연하지 않으며, 그것이 지극에 이르면 늙음과 죽음에도 집착하지 않는다.
늙음과 죽음에 대한 집착이 사라지면 고통, 쌓임, 소멸, 바른 길에 대해 집착하지 않는다.
지혜에 연연하지 않고, 또한 얻음에 연연하지 않는다. 얻을 것이 없기 때문에, 보살은 최고의 지혜로움을 이루게 된다.

故　心無罣碍
無罣碍　故　無有恐怖
遠離一切顚倒夢想
究竟涅槃

그래서 마음에 걸림과 거리낌이 없어지고,
마음에 걸림과 거리낌이 없어지므로 헛된 생각과 두려움이 사라지고,
(게으르게) 누워서 만드는 일체의 흐릿한 생각과 멀어지게 된다.
마침내 깨달음(涅槃)에 이르게 된다.

三世諸佛　依般若波羅蜜多
故得阿耨多羅三藐三菩提

삼세의 모든 부처들도 최고의 지혜에 이르는 길을 의지하고 활용하여,
최상의 깨달음을 얻는다.

故　知般若波羅蜜多
是大神呪　是大明呪　是無上呪　是無等等呪
能除一切苦　眞實不虛

최고의 지혜에 이르는 길을 아는 것은
가장 신성한 주문, 가장 밝은 주문, 최상의 주문이며 무엇과도 견줄 수 없는 주문이다.
능히 온갖 괴로움을 없앨 수 있으며 진실로 헛되지 않는다.

故　說般若波羅蜜多呪　卽說呪曰

이제 반야바라밀다를 주문하라. 즉, 소리 내어 주문을 읊어라.

揭諦 揭諦 波羅揭諦 波羅僧揭諦 菩提 娑婆訶

(차안을) 넘어 (차안을) 넘어 차안을 넘어 피안으로 깊은 피안 속에서 깨달음을 이루게 하소서!

참고 자료

○ https://en.wikipedia.org/wiki/List_of_animals_by_number_of_neurons

○ https://en.wikipedia.org/wiki/Neuron

○ http://www.historicalcookingproject.com/2014/12/guest-post-ancient-egyp-tian-bread-by.html

○ https://en.wikipedia.org/wiki/Sleep_in_non-human_animals

○ https://en.wikipedia.org/wiki/Olfaction

○ https://jeb.biologists.org/content/222/Suppl_1/jeb186924

○ https://academic.oup.com/cercor/advance-article/doi/10.1093/cercor/bhaa365/6047724

○ https://en.wikipedia.org/wiki/Procedural_memory

○ https://en.wikipedia.org/wiki/Mind

○ https://journals.sagepub.com/doi/10.1177/2158244015583860

○ https://en.wikipedia.org/wiki/Karl_Marx

○ https://www.ted.com/talks/bj_miller_what_really_matters_at_the_end_of_life, by BJ Miller

○ http://contents.history.go.kr/front/hm/view.do?treeId=010501&tabId=03&levelId=hm_073_0030

○ https://en.wikipedia.org/wiki/Heart_Sutra

○ https://en.wikipedia.org/wiki/Emperor_Taizong_of_Tang

○ https://en.wikipedia.org/wiki/Xuanzang

○ https://en.wikipedia.org/wiki/Prajnaparamita

○ https://encyclopediaofbuddhism.org/wiki/Shariputra

○ https://encyclopediaofbuddhism.org/wiki/Prajnaparamita

○ https://en.wikipedia.org/wiki/Glossary_of_Buddhism

○ https://en.wikipedia.org/wiki/Water

○ https://www.ted.com/talks/stephen_hawking_questioning_the_universe

○ Conze, Edward (1983). The perfection of wisdom in eight thousand lines & its verse summary. Four Seasons Foundation. ISBN 978-0877040484

○ Nattier, Jan (1992), "The Heart Sūtra: A Chinese Apocryphal Text?", Journal of the International Association of Buddhist Studies, 15 (2): 153-223

○ Dan Lusthaus. (2003). The Heart Sūtra in Chinese Yogācāra: Some Comparative Comments on the Heart Sūtra Commentaries of Wŏnch'ŭk and K'uei-chi. International Journal of Buddhist Thought & Culture September 2003, Vol. 3, 59~103

○ Nandini D. Karunamuni(2015). The Five-Aggregate Model of the Mind, 2-5, https://journals.sagepub.com/doi/pdf/10.1177/2158244015583860

○ New Heart Sutra translation by Thich Nhat Hanh, https://plumvillage.org/about/thich-nhat-hanh/letters/thich-nhat-hanh-new-heart-sutra-translation/

○ 반야심경과 마음공부, 법상, 출판사 무한
○ 東晉 王羲之集字聖教序, 雲林筆房

○ 集字聖教序, 全圭鎬, 명문당

○ 무엇을 위해 살 것인가, 버트란드 러셀, 문예출판사

○ 무엇이 행복을 좌우하는가, 폴 아난드, 건양대학교譯, 느낌이있는책

○ 행복을 풀다, 모가댓, 강주현譯, 한국경제신문

○ 삶으로 다시 떠오르기, 에크하르트 툴레, 류시화譯, 연금술사

○ 사피엔스, 유발 하라리, 조현욱譯, 김영사

○ 흙의 시간, 후지이 자그미치, 염해은譯, 눌와

○ 생각의 탄생, 로버트 미셸 번스타인, 박종성譯, 에코의서재

○ 로마인이야기 1, 14, 15권, 시오노나나미, 김석희譯, 한길사

○ 노자 도덕경 道, 성대현, 북랩